GRAMÁTICA Escolar

A1 A2

Audio descargable

enCLAVE ELE

Arielle Bitton

Índice

1. Verbos de presentación; la negación 4
2. ¿«Tú» o «usted»? ¿«Vosotros» o «ustedes»?. 6
3. El género y el número;
   HABLAR: presente de indicativo 8
4. TENER y VIVIR: presente de indicativo;
   los cardinales 10
5. Los artículos determinados
   e indeterminados 12

TEST 1 14

6. Las horas y las fechas 16
7. Usos del verbo SER 18
8. Los adjetivos posesivos 20
9. Usos del verbo ESTAR 22
10. Los adverbios de lugar 24

TEST 2 26

11. Los adjetivos demostrativos 28
12. Los pronombres demostrativos neutros 30
13. Expresión de cantidad (1) 32
14. HACER: forma impersonal;
    MUCHO y MUY 34
15. HABER: forma impersonal;
    HAY y ESTÁ(N) 36

TEST 3 38

16. Verbos terminados en -AR:
    presente de indicativo 40
17. Verbos terminados en -AR con diptongación
    E➤IE: presente de indicativo 42

18. Verbos terminados en -AR con diptongación
    O➤UE: presente de indicativo 44
19. GUSTAR: presente de indicativo 46
20. La conjunción NI; los adverbios NUNCA y
    JAMÁS 48

TEST 4 50

21. Verbos terminados en -ER:
    presente de indicativo 52
22. Verbos terminados en -ER con diptongación
    E➤IE: presente de indicativo 54
23. Verbos terminados en -ER con diptongación
    O➤UE: presente de indicativo 56
24. Verbos irregulares terminados en -ER:
    presente de indicativo 58
25. DOLER: presente de indicativo;
    formas tónicas con preposición 60

TEST 5 62

26. Verbos terminados en -IR: presente de
    indicativo; el complemento directo 64
27. Verbos terminados en -IR con cambio
    vocálico E➤I: presente de indicativo 66
28. Verbos terminados en -IR con diptongación
    E➤IE o O➤UE: presente de indicativo 68
29. Verbos irregulares terminados en -IR:
    presente de indicativo 70
30. Verbos irregulares en la 1ª persona
    de singular: C➤ZC 72

TEST 6 74

Índice

31. Los adverbios de modo 76
32. Las partículas interrogativas 78
33. TAMBIÉN y TAMPOCO 80
34. PONER(SE) y QUITAR(SE) 82
35. Expresión de cantidad (2) 84

TEST 7 86

36. Construcción del verbo IR + a + infinitivo ... 88
37. Las preposiciones de lugar 90
38. ESTAR; gerundio de los verbos terminados en -AR -ER -IR regulares e irregulares 92
39. Los pronombres indefinidos 94
40. Pronombres y adjetivos indefinidos 96

TEST 8 86

41. La exclamación 100
42. Expresión de la obligación personal e impersonal 102
43. Verbos terminados en -AR -ER -IR: pretérito imperfecto de indicativo 104
44. Verbos terminados en -AR -ER -IR: pretérito perfecto de indicativo 106
45. El participio de los pretéritos perfectos irregulares 108

TEST 9 110

46. Los comparativos y los superlativos 112
47. Verbos terminados en -AR -ER -IR: pretérito indefinido 114

48. Verbos irregulares: pretérito indefinido (1)   116
49. Verbos irregulares: pretérito indefinido (2)   118
50. Verbos irregulares: pretérito indefinido (3)   120

TEST 10 122

Transcripciones 124

1 Verbos de presentación; la negación

- ▲ ¡Hola! ¿Quién **eres**?
- ● ¡Hola! Soy Juan. Y tú, ¿cómo **te llamas**?
- ▲ **Me llamo** Ana. **Soy** una alumna de la clase de español. ¿Tú también?
- ● No, no **soy** un alumno. **Soy** un amigo de Pedro.
- ▲ Y ella, ¿quién **es**?
- ● Es la profesora de español.
- ▲ Y ellos, ¿quiénes **son**?
- ● Son Juan y Lola.

Los verbos

		el verbo SER	el verbo LLAMARSE
singular	(yo)	**soy**	**me** llam**o**
	(tú)	**eres**	**te** llam**as**
	(él, ella)	**es**	**se** llam**a**
plural	(nosotros, nosotras)	**somos**	**nos** llam**amos**
	(vosotros, vosotras)	**sois**	**os** llam**áis**
	(ellos, ellas)	**son**	**se** llam**an**

   ¿**Quién** es (él)? *(singular)*   ▶   (Él) Es Juan, es mi amigo.
¿**Quiénes** son (ellos)? *(plural)*   ▶   (Ellos) Son Juan y Lola.

La negación

La negación siempre va delante del verbo:

¿Es Pedro? –No, **no** es Pedro, es Luis.
¿Te llamas Laura? –No, **no** me llamo Laura, me llamo Ana.

   El signo de interrogación se utiliza al principio y al final de la pregunta:
¿Quién es**?**

¿Quién eres?

Ejercicios

1. Relaciona las columnas.

a ¿Cómo se…
b Me…
c Y tú, ¿cómo te…
d ¿Cómo os…
e Se…

1 … llamo Lola.
2 … llamáis?
3 … llaman Pilar y María.
4 … llama?
5 … llamas?

2. Contesta las preguntas.

a ¿Cómo te llamas? _____ Juan.
b ¿Quién eres? _____ Pedro.
c Y ellos, ¿quiénes son? _____ Juan y Lola.
d ¿Cómo se llama? _____ Petra.
e ¿Cómo se llaman? _____ Pilar y Lea.

3. Contesta las preguntas negativamente.

a ¿Te llamas Juan? –No, _____
b ¿Se llama Claudia? –No, _____
c ¿Eres profesor? –No, _____
d ¿Sois Lola y Antonio? –No, _____
e ¿Es María estudiante? –No, _____

4. Contesta las preguntas.

a Me llamo Juan. ¿Y tú? _____ Lola.
b Soy estudiante. ¿Y ellas? _____ profesoras.
c Es mi amigo. ¿Y ellos? _____ mis amigos.
d Se llaman Pedro y Paco. ¿Y ella? _____ Anabel.
e Somos Marta y Mercedes. ¿Y tú? _____ Marta.

5. Escucha y marca la opción correcta. (Pista 1)

a ¿Cómo te llamas? ☐
  ¿Cómo se llaman? ☐

b Sois estudiantes. ☐
  Son estudiantes. ☐

c ¿Quién es? ☐
  ¿Quién eres? ☐

d ¿Qué sois? ☐
  ¿Quiénes sois? ☐

2 ¿«Tú» o «usted»? ¿«Vosotros» o «ustedes»?

▲ Hola, buenos días.
● Buenos días.
▲ ¿**Es usted** el profesor?
● Sí, soy el profesor de informática. Y **vosotros sois** alumnos, ¿verdad? ¿Cómo os llamáis?
▲ Yo soy Miguel.
● ¿Y tú?
▲ Yo soy Ana.
● Y ¿cómo **se llama usted**?
■ Me llamo Alexis.

Uso de «tú» y de «vosotros» / «vosotras»

- El pronombre personal **tú** indica **familiaridad**. Se usa:
  en familia: ¿Eres **tú**, Ana? –Sí, mamá, soy yo.
  con amigos: Soy de México, ¿y **tú**?
  entre jóvenes: Y **tú**, ¿cómo te llamas?

- El pronombre personal **vosotros/vosotras** es el **plural de tú.**
  Me llamo Juana. Y ¿**vosotros**? –Nos llamamos Pedro y Clara.
  Y **vosotras**, ¿cómo os llamáis? –Nos llamamos Ana y Patricia.

Uso de «usted» y «ustedes»

- El pronombre personal **usted** indica **respeto** o **cortesía.** Se usa:
  con una persona mayor: ¿Es **usted** el señor López?
  con adultos desconocidos: ¿Es **usted** la madre de Pedro?
  en situaciones formales: Es **usted** muy amable. Gracias.

- El pronombre personal **ustedes** es el **plural de usted.**
  Son **ustedes** muy amables. Gracias.

Usted + 3ª persona del **singular**   ➤   Usted **es** español.
Ustedes + 3ª persona del **plural**   ➤   Ustedes **son** español**es**.

Los pronombres personales solo se utilizan para insistir o por cortesía:
  Yo soy estudiante, pero **él** es profesor.
  Él se llama Luis, pero **ella** se llama Marisol.
  ¿Es **usted** el señor Martínez?

¿«Tú» o «usted»? ¿«Vosotros» o «ustedes»? 2

Ejercicios

1. ¿Qué forma utilizan?

- a TÚ
- b USTED
- c VOSOTROS
- d VOSOTRAS
- e USTEDES

- 1 un adulto a varios niños
- 2 una amiga con otra amiga
- 3 una madre con sus hijas
- 4 un chico con un desconocido
- 5 un chico con un grupo de amigos
- 6 un hijo con su madre
- 7 un conferenciante con el público

2. Completa con los verbos *ser* o *llamarse*.

- a ¿(Tú) _____ alumno?
- b (Usted) Se _____ Juan, ¿verdad?
- c ¿Cómo te _____? –Ana
- d (Ustedes) _____ estudiantes.
- e (Vosotras) Os _____ Lupe y María.
- f (Nosotros) Nos _____ Ana y Luis.

3. Escucha y marca la opción correcta.

Pista 2

- a Sois españolas. ☐
  Soy española. ☐
- b Eres estudiante. ☐
  Es estudiante. ☐
- c Sois Ángela y José. ☐
  Somos Ángela y José. ☐
- d ¿Qué sois? ☐
  ¿Qué son? ☐

7 siete

3 El género y el número; HABLAR: presente de indicativo

▲ ¿**De dónde** eres?
● Yo soy **de** Italia. Soy italiano, pero **hablo** inglés. ¿Y vosotros?
▲ Yo soy francés y mis amigos son marroquíes.
● Y vosotras, ¿quiénes sois y de dónde sois?
★ Somos Ángela y Julia y somos alemanas. También **hablamos** inglés.
▲ Y usted, señor Molina, ¿de dónde es?
■ Yo soy español, de Salamanca, y también **hablo** inglés.

MASCULINO y FEMENINO

masculino	femenino
terminación en –o ruso brasileño	O ➤ A rusa brasileña
terminación en consonante inglés alemán	+ A inglesa alemana
terminación en –a croata	no varía croata
terminación en –e canadiense estadounidense	no varía canadiense estadounidense
terminación en –í marroquí israelí	no varía marroquí israelí

FORMACIÓN EN PLURAL

terminación en vocal	+ S	rusas, mamás, canadienses, brasileños, sofás, cafés, dominós
Excepto: terminación en –Í, –Ú	+ ES	marroquíes, hindúes
terminación en consonante * (con acento en la última sílaba)	+ ES	inglés ➤ ingleses autobús ➤ autobuses
terminación en –Z	CES	un lápiz ➤ dos lápices
terminación en –S de palabras no acentuadas en la última sílaba	no varía	el lunes ➤ los lunes el martes ➤ los martes

 El acento desaparece en femenino y en plural: inglés / inglesa / ingleses

el verbo HABLAR

(yo) (tú) (él, ella, usted)	hablo hablas habla	italiano francés portugués
(nosotros, nosotras) (vosotros, vosotras) (ellos, ellas, ustedes)	hablamos habláis hablan	ruso árabe turco

¿De dónde eres? 3

Ejercicios

1. Escribe las frases en plural.

a El tren es rápido.   Los _____

b El caballo es negro.   _____

c El lápiz es rojo.   _____

d La camiseta es azul.   _____

e El avión es grande.   _____

2. Completa las frases.

a John es inglés.   Mary también es _____
b Mustafá es marroquí.   Fátima también es _____
c Usted es griego.   Andrea, ¿es usted también _____
d Peter es estadounidense.   John y Ann también son _____
e Ustedes son turcos.   Y ustedes, señoras, ¿también son _____

3. Relaciona las preguntas con las respuestas.

a ¿De dónde eres?   •   • 1 Hablo inglés y un poco de ruso.
b ¿Qué idioma habla María?   •   • 2 Habla alemán.
c ¿De dónde sois?   •   • 3 Soy libanés.
d ¿Qué idioma habla usted?   •   • 4 No, no hablo ruso, hablo croata.
e ¿Hablas ruso?   •   • 5 Somos brasileños.

4. Relaciona el país y la nacionalidad.

a Bélgica •   • 1 mexicano
b México •   • 2 holandés
c Perú •   • 3 canadiense
d Polonia •   • 4 polaco
e Holanda •   • 5 belga
f Canadá •   • 6 peruano

5. Escribe el femenino de cada nacionalidad.

➤ _____
➤ _____
➤ _____
➤ _____
➤ _____
➤ _____

6. Escucha las preguntas, completa y contesta.

a ¿Qué idioma _____   –_____ francés.
b ¿De dónde _____   –_____ de Suiza.
c ¿_____ de Inglaterra?   –No, _____ de Irlanda.
d ¿Eres _____   –No, no _____
e ¿_____ alemán?   –Sí, _____

4 TENER y VIVIR: presente de indicativo; los cardinales

- ▲ ¿Dónde **vives**? ¿**En** una casa o **en** un piso?
- ● **Vivo en** un piso, **en** la calle de Toledo, con mis padres y mis hermanos.
- ▲ ¿Cuántos hermanos **tienes**?
- ● **Tengo** un hermano y una hermana. Ana **tiene** diez años y José, mi hermano mayor, veinte. Yo **tengo** catorce años.

el verbo TENER

(yo)	ten**go**	14 años
(tú)	ti**e**nes	una bicicleta
(él, ella, usted)	ti**e**ne	dos hermanas
(nosotros, nosotras)	tenemos	hambre
(vosotros, vosotras)	tenéis	frío
(ellos, ellas, ustedes)	ti**e**nen	prisa

El verbo TENER se usa para hablar de la edad, de la posesión, de una sensación:
  Luis tiene quince años.   Ana tiene una bici.   Tenemos calor.

el verbo VIVIR

(yo)	viv**o**		una casa
(tú)	viv**es**		la ciudad
(él, ella, usted)	viv**e**	EN	Madrid
(nosotros, nosotras)	viv**imos**		Castilla
(vosotros, vosotras)	viv**ís**		España
(ellos, ellas, ustedes)	viv**en**		Europa

los números

0	cero	10	diez	20	veinte	30	treinta
1	un(o), una	11	once	21	veintiuno	31	treinta y uno
2	dos	12	doce	22	veintidós	32	treinta y dos
3	tres	13	trece	23	veintitrés	33	treinta y tres
4	cuatro	14	catorce	24	veinticuatro	34	treinta y cuatro
5	cinco	15	quince	25	veinticinco	40	cuarenta
6	seis	16	dieciséis	26	veintiséis	41	cuarenta y uno
7	siete	17	diecisiete	27	veintisiete	42	cuarenta y dos
8	ocho	18	dieciocho	28	veintiocho	43	cuarenta y tres
9	nueve	19	diecinueve	29	veintinueve	50	cincuenta

 un libro, **una** ventana – veinti**ún** hombres, veinti**una** mujeres – treinta y **un** chicos, treinta y **una** chicas

¿Cuántos años tienes? ¿Dónde vives? — 4

Ejercicios

1. Conjuga el verbo y relaciona.

a (yo, tener) _____
b (tú, vivir) _____
c (vosotros, tener) _____
d (ustedes, tener) _____
e (ellas, vivir) _____

☐ catorce años.
☐ en Barcelona.
☐ estudiante.
☐ en São Paolo.
☐ frío.
☐ alemanes.
☐ argentinos.
☐ hambre.
☐ en la ciudad.
☐ una casa muy bonita.

2. Encuentra 6 frases correctas.

Tengo…
- a un libro.
- b París.
- c frío.
- d hambre.
- e España.
- f una casa en Tokio.
- g calor.
- h quince años.

3. Formula la pregunta adecuada.

a (tú) ¿Dónde _____ –En Sevilla.
b (ella) ¿Cuántos _____ –16 años.
c (vosotros) ¿Cuántos _____ –Tres hermanos.
d (usted) ¿Dónde _____ –En un piso.
e (él) ¿Cuántos _____ –20 años.

4. Dictado. Escucha y completa las frases.

Pista 4

a Ana y Pepe _____ _____, pero _____ en _____
b ¿_____ _____ _____? –Yo _____ _____ _____
c Tenemos _____, _____ y _____ años.
d En clase somos _____ chicos y _____ chicas.
e ¿_____ hermanos _____ –¿_____ _____ hermanos.

5. Los artículos determinados e indeterminados

> ▲ ¡Tengo **una** bici* nueva!
> ● ¡Qué bien! ¿Cuál es? ¿Es **la** bici roja?
> ▲ Sí, **la** bicicleta roja, al lado de **la** bicicleta azul.
> ● ¿De quién es **la** bici azul?
> ▲ Es **del** hermano de Lola, y **la** bici verde es **de** Manuel.
> ● Yo no tengo bici, pero tengo **unos** patines.

* una bici = una bicicleta

Los artículos determinados

	singular	plural
masculino	**el** coche	**los** coches
femenino	**la** casa	**las** casas

Los artículos determinados se usan para hablar de:

- una cosa/persona conocida e identificada ➤ La hermana de Lola.
- una cosa/persona en particular ➤ La última película de este actor.
- los días de la semana ➤ ¡Hasta el lunes!
- cosas/personas únicas ➤ El Rey, la Tierra, el Sol…
- nociones generales ➤ El amor, la felicidad, la cultura…
- delante de «señor(es)», «señora(s)» ➤ El señor García es muy simpático.

 **Contracciones:**
de + el ➤ **del**   Es el coche **del** director.
a + el ➤ **al**   Invito **al** hermano de Juan.

Los artículos indeterminados

	singular	plural
masculino	**un** coche	**unos** coches
femenino	**una** casa	**unas** casas

Los artículos indeterminados se usan para hablar de:

- una cosa o persona no especificada o desconocida ➤ Es una estudiante de mi colegio.
- un ejemplar de una categoría ➤ La nariz es una parte del cuerpo.

 El artículo indefinido también concuerda en género y número con la palabra que acompaña.
- Tengo **una** amiga que es de Perú.
- Tengo **unas** gafas de sol rojas.

El, la, un, una 5

Ejercicios

1. Escribe las frases en plural.

a La casa de Luis es grande. _____
b El hermano de Luisa es rubio. _____
c Es un libro muy interesante. _____
d Alfredo tiene una idea muy buena. _____

2. Cambia las frases como en el ejemplo.

Es una casa grande. ➤ *La casa es grande.*

a Es un perro muy grande. _____
b Son unas fotos muy bonitas. _____
c Es una habitación agradable. _____
d Son unos niños inteligentes. _____

3. Completa con un artículo determinado o indeterminado.

a Juan vive en _____ calle muy tranquila.
b _____ ciudad en la que vive es muy agradable.
c Tengo _____ hermano y _____ hermana.
d _____ padre de Pedro vive en Barcelona.
e _____ abuelos de Ana son de Londres.
f ¿Cómo se llaman _____ amigas de Lupita?
g Tiene _____ amigos que viven en Pekín.

4. Completa las frases con los artículos correspondientes.

a Es una foto de _____ Reina de España, no _____ Rey.
b Son las bicis _____ hermanas de Juan.
c Invito a _____ hermana de Lola pero no _____ hermano de Luis.
d Este libro es _____ profesor.

🎧 **5. Escucha y completa con los artículos correspondientes.**

Pista 5

Ana tiene _____ gato y _____ perro. _____ gato es negro pero tiene _____ cola blanca. Tiene _____ orejas muy grandes y _____ ojos verdes muy bonitos. _____ perro tiene _____ pelo largo. Es _____ perro muy grande.

TEST 1

1. Completa el diálogo.

- ¿Cómo te _____?
- ¿Dónde _____?
- ¿De dónde _____?
- _____ María.
- _____ en Madrid.
- _____ de París.

2. Relaciona cada imagen con la frase correspondiente.

a •
- 1 ¿Cómo te llamas?
- 2 ¿Cómo se llama usted?
- 3 ¿Cómo se llaman ustedes?

b •
- 1 Y vosotros, ¿dónde vivís?
- 2 Y ustedes, ¿dónde viven?
- 3 Y nosotros, ¿cómo nos llamamos?

c •
- 1 ¿Son ellas brasileñas?
- 2 ¿Son ellos brasileños?
- 3 ¿Es usted brasileña?

d •
- 1 Vives en una casa.
- 2 Vivimos en una casa.
- 3 Usted vive en una casa.

e •
- 1 Juan tiene una hermana y dos hermanos.
- 2 Luisa tiene un hermano y dos hermanas.
- 3 Lola tiene una hermana y dos hermanos.

f •
- 1 Ana tiene dos gatos blancos.
- 2 Los gatos de Ana son negros.
- 3 Ana tiene tres gatos negros.

TEST 1

3. Completa las frases con las siguientes palabras. Conjuga los verbos si es necesario.

cuántos – cuántas – dónde – quién – quiénes – de dónde – cómo – el – llamarse (x2) – hablar (x2) – ser (x3) – tener (x2) – vivir (x2)

a ¿_____ os _____? – _____ Juan y Lola.
b ¿_____ vivís? – _____ en Roma.
c ¿_____ hermanas tienes? – _____ tres hermanas.
d ¿_____ es el señor Álvarez? –Es _____ profesor de español.
e ¿_____ perros tenéis? – _____ dos perros.
f ¿Qué idiomas _____ (tú)? – _____ inglés y un poco de español.
g ¿_____ sois? – _____ de Alemania.
h ¿_____ son ellos? – _____ los hermanos de Lucía.

4. Escribe las frases en plural.

a Es una moto muy bonita. _____
b El lápiz es azul. _____
c La habitación es pequeña. _____

5. Crucigrama. Completa con los verbos siguientes:

→ **Horizontal**
1. hablar (ellos)
2. tener (vosotros)
3. llamarse (nosotros)
4. ser (vosotras)
5. vivir (nosotros)
6. hablar (vosotros)
7. vivir (ellas)
8. vivir (vosotros)

↓ **Vertical**
a. llamarse (vosotros)
b. tener (ella)
c. hablar (vosotras)
d. ser (nosotros)
e. vivir (tú)
f. tener (yo)
g. vivir (yo)
h. llamarse (ustedes)
i. ser (yo)

15 quince

6 Las horas y las fechas

▲ ¿**Qué día es** hoy?
● Hoy **es** sábado.
▲ ¿**A qué día estamos**?
● **Estamos a** 15 **de** abril **de** 2016.
▲ ¿**A qué hora** es el entrenamiento de fútbol?
● A las diez. ¿**Qué** hora es?
▲ **Son las** nueve y media. Aún tenemos **media hora** para llegar.
● Y el partido de **mañana**, ¿también es a **las** diez?
▲ No, es **por la tarde**.

La hora: ¿Qué hora es?

Es la una [en punto].   **Es la** una **y** cuarto.   **Es la** una **y** media.   **Es la** una **menos** cuarto.

Son las dos [en punto].   **Son las** dos y cuarto.   **Son las** dos y media.   **Son las** dos menos diez.

Son las ocho [en punto].   **Son las** ocho y diez.   **Son las** ocho y veinte.   **Son las** ocho menos veinte.

 **una** hora, **un** minuto, **un** segundo
Aún tenemos **media** hora. = Todavía tenemos **30 minutos**.
Todavía tenemos **un cuarto de hora**. = Aún tenemos **15 minutos**.
¿A qué hora tenemos clase? Tenemos clase **de** una a dos.
　　　　　　　　　　　　　　= Tenemos clase **desde la** una **hasta las** dos.
　　　　　　　　　　　　　　= Tenemos clase **a** la una.

La fecha y los días de la semana

• ¿Qué día **es** hoy? • **Es** lunes/martes/miércoles/jueves/viernes 　sábado + domingo = el fin de semana	• ¿A qué día **estamos**? • **Estamos a** 10 **de** octubre **de** 20…

Los momentos del día

¿Cuándo?	Hoy Mañana **El** jueves **El** sábado	POR	la mañana la tarde la noche

¿Qué hora es? ¿Qué día es hoy? — 6

Ejercicios

1. Contesta las preguntas.

a ¿Qué hora es? (1:00) _____
b ¿Qué hora es? (3:30) _____
c ¿Qué hora tienes? (7:25) _____
d ¿Qué hora tiene usted? (1:15) _____
e ¿A qué hora empieza la película? (4:45) _____

2. Completa las frases. Pon las horas en letras.

a Tenemos entrenamiento de _____ a _____   9:30   10:30.

b El partido dura de _____ a _____   6:00   8:00.

c La biblioteca abre desde las _____ hasta las _____   8:15   6:45.

3. Relaciona las columnas.

a sesenta minutos = •   • 1 un minuto
b quince minutos = •   • 2 un cuarto de hora
c veinticuatro horas = •   • 3 media hora
d siete días = •   • 4 una hora
e sesenta segundos = •   • 5 un día
f treinta minutos = •   • 6 una semana

4. Ordena las palabras.

a ¿es – de – cuándo – partido – el – tenis?
_____

b tarde – mañana – la – por – las – cuatro – a
_____

c mañana – la – mañana – por – las – cinco – y – a – media
_____

5. Escucha y marca la opción correcta.

Pista 6

a Son las 2:30. ☐   b Son las 4:04. ☐   c De 9 a 2. ☐
  Son las 12:30. ☐   Son las 4:15. ☐   De 9 a 10. ☐

d Es la una y 20. ☐   e A las 3:35. ☐   f Es la una y cuarto. ☐
  Es la uno y 20. ☐   A las 3:25. ☐   Es la una menos cuarto. ☐

17 diecisiete

7 Usos del verbo SER

▲ Hoy llegan unos amigos.
● ¿**De dónde son** tus amigos?
▲ **Son** de Alemania.
● ¿**Cómo son**?
▲ Ángela **es alta, rubia** y muy **delgada**. Ulrich, al contrario, **es bajo, moreno** y un poco **gordo**. Tiene muy buen carácter. Los dos **son** muy **simpáticos** y hablan bastante bien español.

El uso del verbo SER

El verbo SER se usa para expresar:

- **Una característica esencial**

1 la nacionalidad	➤ Ángela **es** alemana.	5 el color	➤ La bici **es** azul.
2 la procedencia	➤ **Es** de China.	6 el material	➤ La mesa **es** de madera.
3 el tamaño	➤ El edificio **es** alto.	7 la profesión	➤ Juan **es** médico.
4 la forma	➤ La pelota **es** redonda.	8 el carácter	➤ **Son** simpáticos.

- **El tiempo, la hora**
  ➤ Hoy **es** martes.   ➤ **Es** tarde / temprano.
  ➤ Ahora **es** otoño.   ➤ ¿Qué hora **es**? **Son** las dos.

- **La posesión**   ➤ El bolígrafo **es** de Felipe.

- **Un evento**   ➤ La competición **es** en el estadio.

- **Una suma**   ➤ **Son** veinte euros.
  ➤ **Somos** tres hermanos.

La descripción: algunos adjetivos

     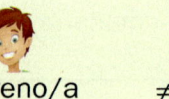

alto/a ≠ bajo/a   gordo/a ≠ delgado/a   moreno/a ≠ rubio/a

simpático/a ≠ antipático/a   bueno/a ≠ malo/a   inteligente = listo ≠ tonto/a

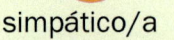    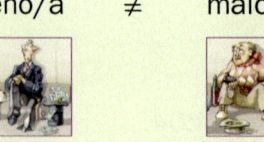     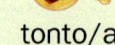  

moderno/a ≠ antiguo/a   rico/a ≠ pobre/a   caro/a ≠ barato/a

grande/a ≠ pequeño

¿Cómo eres? ¿Cómo es? 7

Ejercicios

1. Completa las siguientes frases con el verbo *ser*.

a (yo) _____ inglés.
b (tú) _____ estudiante.
c (él) _____ moreno.
d (ella) _____ delgada.
e (usted) _____ simpática.
f El edificio _____ muy alto.
g El libro _____ de Juan.
h La silla _____ de madera.

2. Escribe las frases del ejercicio anterior en plural.

a Nosotros _____
b _____
c _____
d _____
e _____
f _____
g _____
h _____

3. Di lo contrario.

a Es alto. _____
b Somos listos. _____
c Es gordo. _____
d Es pequeña. _____
e Son simpáticos. _____

4. Relaciona los contrarios.

a moreno • • 1 malo
b divertido • • 2 rico
c antiguo • • 3 moderno
d caro • • 4 aburrido
e bueno • • 5 barato
f pobre • • 6 rubio

5. Escribe lo que oyes y su contrario.

Pista 7

                                                                                 contrario

a Ana es _____ y _____   _____
b El coche es _____ y _____   _____
c Soy _____ y _____   _____

8 Los adjetivos posesivos

- ▲ ¿**De quién** es la mochila azul? ¿Es **tuya**, Luis?
- • No, no es **mía**. **Mi** mochila es la roja. ¿Y **tu** mochila?
- ▲ **Mi** mochila es verde. Entonces, la mochila azul es **de** Ana. ¡Ana! ¿Es **tu** mochila?
- • Sí, es **mía**, pero los libros no son **míos**, son **del** profesor.

Los posesivos

- **Antes del sustantivo**

singular		plural	
masculino - femenino		masculino - femenino	
mi amigo	mi amiga	mis amigos	mis amigas
tu amigo	tu amiga	tus amigos	tus amigas
su amigo	su amiga	sus amigos	sus amigas
nuestro amigo	nuestra amiga	nuestros amigos	nuestras amigas
vuestro amigo	vuestra amiga	vuestros amigos	vuestras amigas
su amigo	su amiga	sus amigos	sus amigas

1. Es el coche **de María**. ➤ Es **su** coche.
   Es la chaqueta **del señor García**. ➤ Es **su** chaqueta.
   Son los libros **de Ana y Luis**. ➤ Son **sus** libros.
   Son las llaves **de los señores López**. ➤ Son **sus** llaves.

2. **Mi** bicicleta es azul.   **Mi** amigo es alemán.
   Nuestras bicicletas son azules.   **Nuestro** amigo es alemán.

- tu ≠ tú (pronombre personal)
- **su** coche = «de él», o «de ella», o «de ellos», o «de ellas» o «de usted», o «de ustedes»

- **Después del sustantivo**

singular		plural	
masculino - femenino		masculino - femenino	
mío	mía	míos	mías
tuyo	tuya	tuyos	tuyas
suyo	suya	suyos	suyas
nuestro	nuestra	nuestros	nuestras
vuestro	vuestra	vuestros	vuestras
suyo	suya	suyos	suyas

Es **mi** coche.   ➤ Este coche es **mío**.
Es **mi** bici.   ➤ Esta bici es **mía**.
Son **mis** patines. ➤ Estos patines son **míos**.
Son **mis** hojas.   ➤ Estas hojas son **mías**.

Es **el suyo**. / Es **suyo**.
= «de él», «de ella», «de ellos», «de ellas», o «de usted», o «de ustedes»

¿De quién es? 8

Ejercicios

1. Contesta las preguntas con el adjetivo posesivo adecuado.

a ¿Es tu mochila verde? —No, _____ mochila no es verde.
b ¿De qué color es vuestra casa? —_____ casa es blanca.
c ¿Cómo es su hermano (de ella)? —_____ hermano es simpático.
d Señor López, ¿cómo es su coche? —_____ coche es nuevo.
e ¿Son cómodas tus botas? —Sí, _____ botas son cómodas.

2. Relaciona.

a Mi cuaderno es…   1 suyos
b Tu jardín es…   2 mío
c Nuestro perro es…   3 tuyos
d Su camisa (de él) es…   4 vuestra
e Vuestra casa es…   5 tuyo
f Sus patines (de ella) son…   6 nuestro
g Mi amiga es…   7 suya
h Tus libros son…   8 mía
    9 suyo

3. Completa con el posesivo adecuado.

a Este es mi bolígrafo   Este bolígrafo es _____
b Estas flores son de Ana   Estas flores son _____
c Esas son vuestras mochilas   Estas mochilas son _____
d Aquel perro es de Felipe   Aquel perro es _____

4. Completa con el posesivo adecuado.

a Óscar, ¿es este _____ abrigo? —Sí, este abrigo es _____
b ¿Son esos _____ zapatos? *(de él)* —No, esos zapatos no son _____
c ¿Es _____ país muy rico? *(de vosotros)* —Sí, _____ país es muy rico.
d Señora García, ¿es _____ hijo rubio? —No, _____ hijo no es rubio.
e ¿Son _____ faldas negras? *(de ustedes)* —Sí, _____ faldas son negras.

🎧 5. Escucha y escribe.
Pista 8

a _____
b _____
c _____
d _____
e _____

9 Usos del verbo ESTAR

▲ Hola Carlos, ¿**cómo estás**?
● **Estoy** resfriado, pero estoy mejor que ayer. Y tú, ¿cómo estás?
▲ Bien, gracias. **Estoy** con Eduardo y Marta.
● ¿**Dónde estáis**?
▲ **Estamos** en la piscina. Luisa no **está** porque **está** de vacaciones con sus padres. **Están** en Roma.
● ¡Qué suerte!

El verbo ESTAR

(yo)	est**oy**	en la piscina.
(tú)	est**ás**	en España.
(él, ella, usted)	est**á**	en Europa.
(nosotros, nosotras)	est**amos**	bien.
(vosotros, vosotras)	est**áis**	enfermos / enfermas.
(ellos, ellas, ustedes)	est**án**	cansados / cansadas.

El verbo estar se usa para:

1 **Describir el estado físico de un objeto + el estado físico o moral de una persona**
El vaso está sucio.   Lupe está enferma.
Hoy, el cielo está gris.   Felipe está deprimido.

2 **Localizar**
María está en Madrid.
Madrid está en España.
La botella está en la mesa.

3 **Situar en el tiempo.**
¿A qué día estamos hoy? Hoy estamos a 20 de noviembre.
Estamos en otoño.

- Los adverbios **bien** y **mal** siempre se utilizan con el verbo *estar*:
Está bien ≠ Está mal.
- Algunos adjetivos cambian de significado según el verbo utilizado.
Por ejemplo: Juan **está** malo = está enfermo
    Juan **es** malo = es una mala persona
    Ana **está** triste ➤ en este momento, pero su estado puede cambiar
    Ana **es** triste ➤ es una persona triste, es su carácter

Otros casos:
estar bueno / ser bueno   estar listo / ser listo
estar nuevo / ser nuevo   estar orgulloso / ser orgulloso

¿Cómo estás? ¿Dónde estás? 9

Ejercicios

1. Contesta las preguntas.

a ¿Estás en casa? —Sí, _____
b ¿Está Carlos en la piscina? —No, _____
c ¿Estáis en el gimnasio? —Sí, _____
d ¿Están ustedes contentos? —No, _____
e ¿Está usted en forma? —Sí, _____

2. Conjuga el verbo *estar*.

a ¿Dónde _____ (vosotros)?
• _____ en Barcelona. Mis padres _____ en el museo de arte moderno y mi hermano y yo_____ en la playa.
b ¿Cómo _____ tus padres?
• Mi padre _____ cansado, pero mi madre _____ bien, gracias.

3. ¿*Ser* o *estar*? Selecciona la frase correcta.

a ☐ La mesa está sucia.
☐ La mesa es sucia

b ☐ La fruta está buena para la salud.
☐ La fruta es buena para la salud.

c ☐ Este chico está muy inteligente.
☐ Este chico es muy inteligente.

d ☐ Estoy en el colegio.
☐ Soy en el colegio.

e ☐ Pablo está resfriado.
☐ Pablo es resfriado.

f ☐ Ustedes están en Londres.
☐ Ustedes son en Londres.

g ☐ La casa está moderna.
☐ La casa es moderna.

h ☐ Hoy Luisa está deprimida.
☐ Hoy Luisa es deprimida.

4. Completa las frases con *ser* o *estar*.

a Hoy el cielo _____ azul.
b La casa de Luis _____ grande.
c El gato _____ en la silla.
d _____ a 10 de diciembre.
e Juan y Ana _____ simpáticos.
f (nosotros) _____ contentos.
g El hotel _____ agradable.
h Pekín _____ en China.

5. Escucha, completa y contesta las preguntas.

Pista 9

a ¿_____ Carlos _____ —Sí, Carlos _____
b ¿_____ _____ Jorge y José? —_____ en la playa.
c ¿_____ _____ la falda de Marisol? —No, su falda no _____ roja.
d ¿_____ ustedes _____ Madrid? —Sí, _____ de Madrid.
e ¿Cómo _____ —_____ bien, gracias.

23 veintitrés

10 Los adverbios del lugar

▲ **¿Dónde está** mi móvil? ¡No lo veo!
● ¿No está **allí** en la estantería?
▲ No, **allí** no está.
● ¿O **ahí**?
▲ ¿**Ahí** dónde?
● **Ahí**, en la mesa.
▲ No, ¡no está!
● Mira, ¡**aquí** está, debajo del cojín!

Los adverbios de lugar

| AQUÍ / ACÁ | AHÍ | ALLÍ / ALLÁ |

Los adverbios de lugar indican la proximidad de un objeto o de una persona en relación con la persona que habla.

yo | Mi bici está **aquí**. (cerca) | Mi bici está **ahí**. (lejos) | Mi bici está **allí**. (más lejos)

nosotros | Nuestra casa está **aquí**. | Nuestra casa está **ahí**. | Nuestra casa está **allí**.

nosotras | Los paraguas están **aquí**. | Los paraguas están **ahí**. | Los paraguas están **allí**.

 En algunos países hispanohablantes se utilizan *acá* y *allá* en lugar de *aquí* y *allí*.

Tu móvil está aquí | 10

Ejercicios

1. Selecciona el dibujo correspondiente.

a La silla está aquí.

b El sillón está ahí.

c El sofá está allí.

2. Contesta cada pregunta con el adverbio correspondiente.

a ¿Dónde están mis libros? Mis libros están ahí.

b ¿Dónde está tu CD? _____

c ¿Dónde están vuestras carteras? _____

d ¿Dónde está la goma de Ana? _____

e ¿Dónde está su regla? _____

3. Escucha y marca la opción correcta.

Pista 10

a Estoy aquí. ☐   b No está allí. ☐   c Están allí. ☐
　Estoy allí. ☐   　No estás aquí. ☐   　Están ahí. ☐

25 veinticinco

TEST 2

1. **Pon las frases del diálogo en orden.**

   Diálogo 1

   Bien, ¿y tú?
   Hola José, ¿cómo estás?
   Está enfermo.
   Y tu hermano, ¿cómo está?
   Bien también, gracias.

   Diálogo 2

   ¿Están José y Luis también en el parque?
   ¿Dónde está Elisa?
   No. No están en el parque. Están en la piscina.
   Está en el parque.

2. **¿Qué hora es?**

3. **¿Ser o estar?**

   a La silla _____ de madera.
   b El abrigo _____ gris.
   c Los sillones _____ cómodos.
   d El vaso _____ sucio.
   e Ana y Luis _____ en Nueva York.
   f El profesor _____ furioso.
   g Lucia _____ de Italia.
   h _____ en invierno.
   i El perro _____ en el jardín.
   k El libro _____ interesante.

26 veintiséis

TEST 2

4. Mira un mapa del mundo y completa las frases siguientes con *ser* o *estar*.

a Madrid _____ la capital de…
b París _____ en…
c Alemania _____ en…
d Bogotá _____ la capital de…
e La capital de la India _____ …
f Argelia y Marruecos _____ en…
g Camberra y Sídney _____ en…
h Tokio y Osaka _____ ciudades…

1 New Delhi.
2 Francia.
3 Australia
4 África del norte
5 Colombia.
6 japonesas.
7 Europa.
8 España.

5. Completa las preguntas con las formas correctas de *ser* o *estar* y contesta.

a ¿Dónde _____ tu cuaderno?   –_____ en la mesa.
b ¿Cómo _____ vuestros amigos?   –_____ simpáticos.
c ¿De qué color _____ su bufanda? *(de él)*   –_____ roja.
d ¿_____ moderna su casa?   –No, _____ antigua.
e ¿_____ este libro tuyo?   –No, no _____
f ¿Dónde _____ las vuestras?   –_____ en el armario.

6. Di lo contrario.

a Mario es alto y gordo.   _____
b Guadalupe es rubia y simpática.   _____
c La película es divertida.   _____
d El coche es caro.   _____
e La casa es grande.   _____
f Los padres de María son ricos.   _____

7. Encuentra en la sopa de letras los 8 adjetivos del ejercicio anterior y sus contrarios.

```
R A B A R A T O N Q A W V H A D R I C O
L N B L X A B C A F Q G O R D O H X O G
G T A D T E S G R A N D E T R C Y T I R
H I R R C U E D N D R J Q K D G L R P F
M P O E U M D S I M P A T I C A A E E S
X A X Z W B U V M V D V B P S L B I Q C
T T M A C Q I B Ñ E E A E I F T U R U S
E I L D E L G A D O G R R O A O R I E V
C C B P M O R E N A Q N T T T E R X Ñ G
A A C A F V F B J T W A X I I I L O E
R A Z V J C J P O B R E A T D D D P T V Z
O W V A H O Ñ U T Z B N A R Y A A A W C
```

27 veintisiete

11 Los adjetivos demostrativos

- ▲ ¿Quién es **esta** chica?
- ● Esta chica es la novia de Ramón.
- ▲ ¿Es Ramón **ese** chico moreno?
- ● No, ese chico moreno se llama Enrique. Ramón es **aquel** chico alto que está con Anabel.
- ▲ ¡Ah! ¿Y **aquellas** chicas quiénes son?
- ● Aquellas chicas son sus hermanas.

Los adjetivos demostrativos

singular		plural		
masculino - femenino		masculino - femenino		
este chico	**esta** chica	**estos** chicos	**estas** chicas	aquí
ese chico	**esa** chica	**esos** chicos	**esas** chicas	ahí
aquel chico	**aquella** chica	**aquellos** chicos	**aquellas** chicas	allí

Los adjetivos demostrativos indican la proximidad de un objeto o de una persona en relación con la persona que habla.

yo   este árbol (está aquí)   ese árbol (está ahí)   aquel árbol (está allí)

nosotros/as   estos coches   esos coches   aquellos coches

yo   esta pelota   esa pelota   aquella pelota

nosotros/as   estas flores   esas flores   aquellas flores

¿Quién es esa chica? 11

Ejercicios

1. Selecciona el dibujo correspondiente.

a este ordenador

b esa tableta

c aquellos cascos

2. Relaciona las columnas.

a Aquellas hojas que…   •   • 1 está aquí.
b Este restaurante que… •   • 2 están aquí.
c Esas flores que …   •   • 3 está ahí.
d Aquel lápiz que…   •   • 4 están ahí.
e Estas sandalias que… •   • 5 está allí.
f Ese sombrero que…   •   • 6 están allí.

3. Completa las preguntas.

¿Es _____ tu consola?

¿Es _____ el monopatín de José?

¿Son _____ vuestros patinetes?

4. Escucha y marca la opción correcta.
Pista 11

a esa flor   ☐   c aquel chico   ☐   e esos coches   ☐
   esta flor   ☐   aquellos chicos   ☐   estos coches   ☐

b aquella casa   ☐   d este animal   ☐   f estas chicas   ☐
   aquellas casas   ☐   ese animal   ☐   esas chicas   ☐

29 veintinueve

12 Los pronombres demostrativos neutros

▲ Hola Juan. ¿Qué es **esto**?
● Esto es un avión teledirigido. Es un regalo de mis padres.
▲ Y **eso**, ¿qué es?
● ¿Eso? Es el control remoto. Funciona con pilas.
▲ Y **aquello**, ¿qué es?
● Aquello es el helicóptero de mi hermana mayor.
▲ ¡Qué bonito!

Los pronombres demostrativos

|ESTO|ESO|AQUELLO|

Usamos las formas neutras de los demostrativos cuando queremos señalar algo y no sabemos o no queremos indicar su nombre.

Como los adjetivos demostrativos y los adverbios de lugar, los pronombres demostrativos indican la proximidad de un objeto o de una persona en relación con la persona que habla.

yo

¿Qué es **esto**?   ¿Qué es **eso**?   ¿Qué es **aquello**?

nosotros/as

Esto es un avión.   **Eso** es un control remoto.   **Aquello** es un helicóptero.

👀 Las formas neutras de los pronombres demostrativos son invariables.

yo

¿Qué es **esto**?   ¿Qué es **eso**?   ¿Qué es **aquello**?

nosotros/as

Esto es una pila eléctrica.   **Eso** es una gorra   **Aquello** es la bandera de Argentina.

¿Qué es esto? 12

Ejercicios

1. Relaciona.

a **Esto** está… • • 1 allí.
b **Eso** está… • • 2 aquí.
c **Aquello** está… • • 3 ahí.

2. Contesta las preguntas.

a ¿Qué es esto? _____ un avión.
b ¿Qué es aquello? _____ una gorra.
c ¿Qué es eso? _____ un ordenador.
d ¿Qué es aquello? _____ una pila.
e ¿Qué es esto? _____ un helicóptero.

3. Completa con el pronombre demostrativo adecuado.

a _____ es un tren.

b _____ es un billete de tren.

c _____ es la estación.

4. Contesta las preguntas.

a ¿Cómo es esta película? *(interesante)* _____
b ¿Quién es ese hombre? *(el profesor)* _____
c ¿Qué es aquello? *(un cine)* _____
d ¿De dónde son aquellas chicas? *(Rusia)* _____
e ¿Qué es eso? *(una iglesia)* _____
f ¿De qué color es aquel avión? *(rojo)* _____
g ¿De quién es esta camiseta? *(Pablo)* _____
h ¿Es aquello una catedral? *(sí)* _____

5. Escucha y marca la opción correcta. *(Pista 12)*

a Esto es un libro de geografía. ☐
b Eso es un libro de geografía. ☐
c Estos son libros de geografía. ☐

d Aquello es un hombre alto. ☐
e Aquel hombre es alto. ☐
f Aquellos hombres son altos. ☐

g Esta idea es muy buena. ☐
h Eso es una idea muy buena. ☐
i Esas ideas son muy buenas. ☐

j ¿Cómo se llama esto? ☐
k ¿Cómo se llama eso? ☐
l ¿Cómo se llama aquello? ☐

13 Expresión de cantidad (1)

- ▲ ¿**Cuántos** habitantes tiene la ciudad de México?
- ● En la capital viven **más** de 18 millones de personas.
- ▲ ¡Es **mucha** gente! Mi ciudad es **mucho más** pequeña. Tiene **pocos** habitantes.
- ● Y en el pueblo de mis abuelos viven todavía **menos** personas.
- ▲ Mira, este libro tiene **pocas** fotos de la capital, pero tiene **muchas** imágenes de otras ciudades **más** pequeñas.

Expresar una cantidad (1)

masculino	femenino
¿Cuánt**o**?	¿Cuánt**a**?
¿Cuánt**os**?	¿Cuánt**as**?

¿**Cuánto** cuesta esta tableta?   ¿**Cuánta** agua quieres?
¿**Cuántos** libros tienes?   ¿**Cuántas** botellas tienes?

MUCHO y POCO

	masculino	femenino
Singular	much**o** ≠ poc**o**	much**a** ≠ poc**a**
Plural	much**os** ≠ poc**os**	much**as** ≠ poc**as**

Tengo mucho tiempo libre.   ≠   Tengo poco tiempo libre.
Tiene muchos libros.   ≠   Tiene pocos libros

Bebo mucha agua.   ≠   Bebo poca agua.
Tenéis muchas plantas.   ≠   Tenéis pocas plantas.

 Para contestar una pregunta, no es necesario repetir el complemento completo:
¿Tienes muchos libros?   –Sí, tengo muchos.
                         –No, tengo pocos.

¿Cuántos habitantes tiene...? 13

Ejercicios

1. Relaciona las columnas.

a ¿Cuántos…
b Tengo mucha…
c ¿Cuántas…
d En esta ciudad viven…
e Tienes muchos…

1 muchas personas.
2 habitantes tiene México capital?
3 personas viven aquí?
4 libros sobre México.
5 suerte.

2. Rellena con *mucho, muchos, mucha* o *muchas*.

a Elisa tiene _____ libros sobre México.
b En esta ciudad viven _____ personas.
c No tengo _____ tiempo libre esta semana.
d Ana tiene _____ paciencia.
e _____ gente tiene un perro.
f Juan y Lola tienen _____ problemas.

3. Di lo contrario de las frases del ejercicio 2.

a _____
b _____
c _____
d _____
e _____
f _____

4. Relaciona la pregunta y la respuesta.

a ¿Tienes mucho tiempo libre?
b ¿Tenéis pocas ideas?
c ¿Bebes mucha agua?
d ¿Tienen pocos CD?

1 No, muchas.
2 No, poca.
3 No, muchos.
4 No, poco.

5. Formula la pregunta adecuada.

_____ –Tengo tres libros de geografía.
_____ –No, Juan tiene pocos amigos.
_____ –Sí, en mi pueblo viven pocas personas.
_____ –En mi edificio viven cinco familias.

6. Escucha y completa las frases. *Pista 13*

a Lola tiene _____ cómics, pero _____ que Felipe.
b Juan tiene _____ DVD, pero _____ que yo.
c Tengo _____ tiempo libre, pero _____ que antes.

14 HACER: forma impersonal; MUCHO y MUY

▲ ¡Qué **bueno hace hoy**!, ¿verdad?
● Sí. Estamos en **primavera**. En **verano**, aquí, **hace mucho** calor. ¿Y en tu país?
▲ En mi país también el clima es **muy** caluroso en verano. En cambio, en **invierno**, hace mucho frío y **nieva** mucho.
● ¿Y en **otoño**?
▲ ¡Uy! ¡En otoño **llueve** casi todos los días!

El tiempo

Llueve

En primavera		sol
En verano		calor
En otoño		buen tiempo = hace bueno
En invierno	HACE	mal tiempo = hace malo
Hoy		fresco
Esta semana		frío
Este mes		viento

Nieva

Las estaciones en Europa

el verano	el otoño	el invierno	la primavera
julio	octubre	enero	abril
agosto	noviembre	febrero	mayo
septiembre	diciembre	marzo	junio

Ahora **es** otoño.
= Ahora **estamos en** otoño.

MUCHO y MUY

• **MUCHO** se usa con un **sustantivo**:
Hace mucho viento.
Hace mucho calor.

 Recuerda que *mucho* concuerda en género y número con el sustantivo:
Tengo **muchos** problemas.
Ana tiene **mucha** paciencia.
Tenemos **muchas** amigas.

• **MUY** se usa con un **adjetivo** o un **adverbio**:
El tiempo es muy caluroso.
Estoy muy preocupado.
Esta película es muy divertida.
Está muy bien.

¿Qué tiempo hace? 14

Ejercicios

1. Relaciona cada frase con la imagen correspondiente.

1 •

• a   Hace frío.   •   • 4

• b   Hace sol.   •

• c   Hace calor.   •   • 5

2 •

• d   Llueve.   •

• e   Hace viento.   •   • 6

3 •

• f   Nieva.   •

2. Escribe una frase con el mismo significado.

   a Hoy hace muy buen tiempo.   =   _____
   b Esta semana hace muy mal tiempo. =   _____

3. ¿En qué estación estamos?

   a Estamos _____      c _____

   b _____      d _____

4. ¿Mucho o muy?

   a Hace _____ calor.   f Hace _____ viento.
   b Tengo _____ tiempo libre.   g Luis está _____ contento.
   c Este coche es_____ grande.   h Hoy llueve _____.
   d Juan bebe _____ leche.   i El clima es _____ caluroso.
   e Hace _____ buen tiempo.   j La fruta es _____ buena.

5. Dictado.   Di lo contrario.

   a _____   _____
   b _____   _____
   c _____   _____
   d _____   _____

15 HABER: forma impersonal; HAY y ESTÁ(N)

▲ ¿**Hay** elefantes en América latina?
● No, no hay ni elefantes ni jirafas. Pero **hay muchos** animales muy bonitos. A ver, ¿dónde **están los** mapas?
▲ Aquí **está el** mapa de América.
● Mira, por ejemplo, en la selva hay muchos papagayos de muchos colores diferentes. Y en el río Amazonas **hay unos** peces carnívoros: las pirañas.

HAY y ESTÁ(N)

- **HAY** (verbo haber) se usa con un artículo **indeterminado**:

Aquí… Ahí… Allí…	hay…	un elefante. una jirafa. dos mariposas. poca gente. pocos caimanes. pocas tortugas. mucha gente. mucho viento. muchas pirañas. muchos papagayos.

- **ESTÁ** y **ESTÁN** se usan con un artículo **determinado**:

Aquí… Ahí… Allí…	está…	el perro de Ana. la gata de Luis. mi lápiz. tu madre.
Aquí… Ahí… Allí…	están…	los mapas de América latina. las fotos de la fauna. mis padres. tus gafas.

Hay muchos papagayos   15

Ejercicios

1. Contesta las preguntas.

a ¿Hay elefantes en África? –Sí, _____
b ¿Hay jirafas en América? –No, _____
c ¿Hay pirañas en el río Amazonas? –Sí, _____
d ¿Hay pocos animales en la selva? –No, _____
c ¿Hay pájaros en el árbol? –Sí, _____

2. Contesta las preguntas.

a ¿Está el perro en el jardín? –Sí, _____
b ¿Dónde está mi lápiz? –_____ en el suelo.
c ¿Están los niños en su habitación? –No, _____
d ¿Están los vasos en la mesa? –Sí, _____
e ¿Dónde está el hermano de José? –_____ en casa.

3. ¿Cuántas formas son correctas? ¿Una o dos?

a Hay tres árboles en el jardín de mi casa. 1 ☐
  Están tres árboles en el jardín de mi casa. 2 ☐

b Ahí hay un parque de atracciones. 1 ☐
  Ahí está el parque de atracciones. 2 ☐

c ¿Dónde están mis zapatos? 1 ☐
  ¿Dónde hay mis zapatos? 2 ☐

4. Completa con *hay*, *está* o *están*.

a No _____ muchos pájaros, pero _____ muchas mariposas.
b El papagayo _____ en el árbol.
c ¿_____ muchos animales en el parque zoológico?
  –No, _____ pocos.
d ¿_____ aquí tus padres?
  –Sí, _____ en el salón.
e _____ unas personas en la plaza que son muy raras.
f ¿_____ mucha gente en la plaza?
  –No, _____ poca.

5. Escucha y marca la opción correcta. (Pista 15)

a Hay unos gatos en el jardín. ☐   c Aquí hay dos pájaros. ☐
  Hay dos gatos en el jardín. ☐   Aquí están los dos pájaros. ☐

b Allí está el olivo. ☐   d Los perros están en la calle. ☐
  Allí están los olivos. ☐   Hay unos perros en la calle. ☐

TEST 3

1. Relaciona las tres columnas para formar frases.

a Aquí está • • cinco • • zapatos?
b Allí hay • • mis • • monopatín.
c ¿Dónde están • • un • • sombrero de Luis.
d Ahí hay • • el • • libros.

2. Acertijo: adivina cuántos gatos hay…

En una sala hay varios gatos,
cada gato en un rincón*,
cada gato ve** tres gatos.
¿Cuántos gatos hay en la sala?

_____

* un rincón = ⌐ ** verbo ver = ---->

3. Completa con las palabras siguientes:

primavera – verano – minuto – hora – estaciones – cuántos – otoño

a Hay cuatro _____ en el año.
b Cada _____ tiene sesenta segundos.
c El mes de Julio está en _____
d ¿Qué _____ es? Son las dos y media.
e Llueve mucho en _____
f ¿_____ habitantes tiene Madrid?
g El mes de mayo está en _____

TEST 3

4. Pon las palabras en orden para formar una frase. ¿A qué imagen corresponde?

a azul – un – hay – ahí – papagayo _____

 yo   1    2    3

b muy – caimán – este – grande – es _____

 yo   1    2    3

c tucán – un – es – aquello _____

 yo   1   2   3

5. Encuentra las 4 **estaciones**, los 12 **meses** y los 7 **días de la semana**.

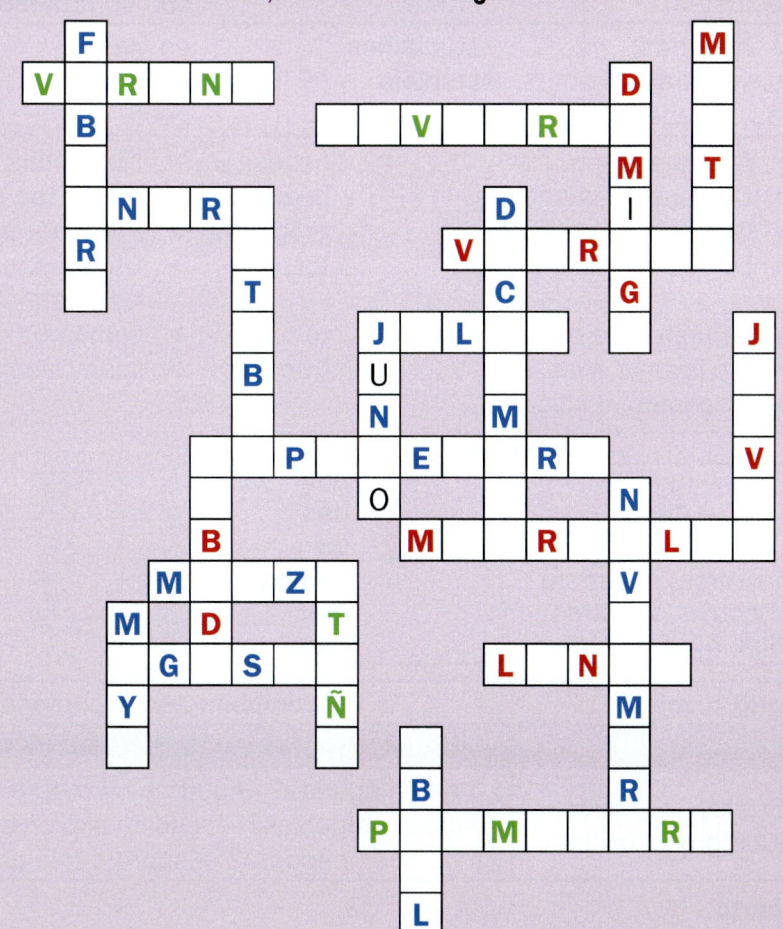

16 Verbos terminados en –AR: presente de indicativo

- ▲ ¿Por qué **compras** harina?
- ● Porque **necesito** 100 gramos para preparar un pastel de chocolate.
- ▲ ¡Qué rico! ¿Qué más **necesitas**?
- ● Una tableta de chocolate y una botella de leche.
- ▲ ¿No **compras** huevos?
- ● No, ya tengo en casa.
- ▲ ¿Me **enseñas** la receta?
- ● Mira, aquí está.

El presente de indicativo de los verbos terminados en –AR:

- **Los verbos regulares**
  Todos los verbos terminados en –AR tienen la misma terminación que el verbo HABLAR.

ESTUDIAR		
(yo)	estud**o**	el español.
(tú)	estud**as**	en el colegio.
(él, ella, usted)	estud**a**	con su profesor.
(nosotros, nosotras)	estud**amos**	en clase.
(vosotros, vosotras)	estud**áis**	mucho.
(ellos, ellas, ustedes)	estud**an**	poco.

ayudar	➤ Ayudo **a** María.	necesitar	➤ Necesitáis dos huevos.
comprar	➤ Compras el chocolate.	pagar	➤ Pagan las compras.
contestar	➤ Contesta la pregunta.	preguntar	➤ Pregunta **a** la profesora.
enseñar	➤ Luisa enseña las fotos.	tocar	➤ Ustedes tocan la mesa. Ustedes tocan el piano.
explicar	➤ La profesora explica la lección.	tomar	➤ Tomamos el autobús.
levantarse	➤ Me levanto a las 7.	trabajar	➤ Juan trabaja en una librería
llegar	➤ Llegamos **al** colegio.		

el verbo DAR	
(yo)	do**y**
(tú)	d**as**
(él, ella, usted)	d**a**
(nosotros, nosotras)	d**amos**
(vosotros, vosotras)	d**ais**
(ellos, ellas, ustedes)	d**an**

complemento = objeto	complemento = persona
VERBO + COMPLEMENTO	VERBO + A + COMPLEMENTO DE PERSONA
¿Qué explicas? –Explico la lección. ¿Qué compras? –Compro chocolate	¿A quién ayudas? –Ayudo a mi madre. ¿A quién preguntas? –Pregunto al profesor (a + el = al) ¿A quiénes esperas? –Espero a mis padres.

- **verbo de movimiento + A**
  Llego **a** la escuela / **al** colegio.
- **acabar = terminar** -> La clase acaba a las 3. = La clase termina a las 3.

¿Qué necesitas? 16

Ejercicios

1. **Contesta las preguntas.**

   a ¿Qué compras? (leche) _____
   b ¿Qué explica Juan? (la receta) _____
   c ¿Qué enseñáis?(las fotos del viaje) _____
   d ¿Quién paga la cuenta? (yo) _____
   e ¿Qué toman ustedes? (café) _____

2. **Contesta las preguntas. ¡Cuidado: son complementos de persona!**

   a ¿A quién contestas? _____ mi madre.
   b ¿A quiénes ayudáis? _____ nuestros amigos.
   c ¿A quién enseña las fotos? _____ profesor.
   d ¿A quién esperan ustedes? _____ hermana de Luis.
   e ¿A quiénes visitas hoy? _____ mis abuelos.

3. **Completa las frases con el verbo adecuado en la forma correcta.**

   dar – comprar – necesitar – trabajar – acabar

   a _____ (yo) leche y huevos para el pastel.
   b ¿No _____ (tú) este móvil?
   c Mi padre _____ en una empresa.
   d La película _____ a las diez.
   e (yo) _____ siempre las gracias.

4. **Relaciona las columnas para formar frases.**

   a Llamo   •   • la •   • siete.
   b Compras   •   • al •   • llegar.
   c Me levanto   •   • de •   • Marta.
   d Acabamos   •   • a •   • amiga.
   e Contesto   •   • a las •   • botella de leche.
   f Ayudo   •   • a mi •   • profesor.

5. **Escucha y completa las frases.**

   Pista 16

   a Ana _____ las _____ de su viaje a _____
   b ¿_____ quién _____ Susana? – _____ madre.
   c _____ la calle para _____ colegio.
   d _____ una _____ de chocolate para _____ un pastel.
   e _____ vuestros _____ para _____ el tren.

41 cuarenta y uno

17 Verbos terminados en –AR con diptongación E▶IE

▲ ¡Qué cansada estoy! ¿**Nos sentamos** un momento en ese banco?
● Vale. ¿Qué te pasa? ¿Por qué estás tan cansada?
▲ Es que **me despierto** muy temprano por la mañana.
● ¿Por qué?
▲ Pues cuando mi hermano **empieza** las clases a las 8, me levanto más temprano para sacar a pasear al perro.
● ¿**Piensas estudiar** esta tarde?
▲ No, **pienso que** lo mejor es descansar un poco

El presente de indicativo de los verbos terminados en –AR:

- **los verbos irregulares (1)**

el verbo EMPEZAR

(yo)	emp**ie**zo	**a** hablar español.
(tú)	emp**ie**zas	**a** preparar la comida.
(él, ella, usted)	emp**ie**za	**a** explicar la lección.
(nosotros, nosotras)	emp**e**zamos	**a** la una en punto.
(vosotros, vosotras)	emp**e**záis	**a** mediodía.
(ellos, ellas, ustedes)	emp**ie**zan	**a** las ocho.

- **los verbos irregulares => E > IE**

atravesar ▶	Atravieso la calle.	despertar(se)* ▶	Nos despertamos a las 7.
calentar ▶	Calientas la sopa.	pensar ▶	Pensáis en las vacaciones.
cerrar ▶	Cierra la puerta.	sentar(se)* ▶	Se sientan en las sillas.

 La e no se transforma en *ie* para *nosotros* y *vosotros*.
comenzar = empezar
La competición comienza a las 8.
= La competición empieza a las 8.

PENSAR + **infinitivo** => Pienso esper**ar** a Juan hasta las 6.
PENSAR **QUE** => ¿**Qué** piensas? –Pienso **que** tienes razón.
PENSAR **EN** => ¿**En** qué piensas? –Pienso **en** las vacaciones.
¿**En** quién piensas? –Pienso **en** Alicia.

RECUERDA: los verbos reflexivos se forman todos como el verbo LLAMAR**SE**:

despertar**se** => **me** despierto, **te** despiertas, **se** despierta, **nos** despertamos, **os** despertáis, **se** despiertan

sentar**se** => **me** siento, **te** sientas, **se** sienta, **nos** sentamos, **os** sentáis, **se** sientan

¿Qué piensas hacer esta tarde? 17

Ejercicios

1. Conjuga los verbos.

a El partido de fútbol (empezar) _____ a las 8 y media.
b (pensar, yo) _____ en las vacaciones.
c (atravesar, vosotros) _____ el parque.
d Felipe (cerrar) _____ la puerta.
e (calentar, nosotras) _____ la leche.
f (sentarse, ellos) _____ en el sofá.

2. Marca el final correcto de cada frase.

a Pienso…
  ☐ 1 preparar el examen.
  ☐ 2 que preparar el examen.

b Pensáis…
  ☐ 1 en la película de ayer.
  ☐ 2 la película de ayer.

c Piensan…
  ☐ 1 es importante.
  ☐ 2 que es importante.

3. Contesta las frases.

a ¿Qué calienta María? – _____ la cena.
b ¿Qué cierras? – _____ la ventana.
c ¿En quién pensáis? – _____ nuestra abuela.
d ¿A qué hora se despiertan ustedes? – _____ a las 7:30.
e ¿Cuándo piensas viajar a Londres? – _____ el sábado.

4. Relaciona.

a Nos •   • 1 despierto
b Me •   • 2 sentáis
c Se •   • 3 despierta
d Os •   • 4 sientan
e Te •   • 5 despertamos
          • 6 sientas

5. Dictado. (Pista 17)

a _____ hacer _____
b Lola y Juan _____ bueno _____ deporte.
c _____ las _____
d Felipe _____ y _____ su cama.
e _____ todos los _____ a las _____
f El ejemplo que _____ es _____ útil.

18 Verbos terminados en –AR con diptongación O ▶ UE

- ▲ Hola, Juan, ¿Qué tal?
- ● ¡Ah hola Pedro! ¿Qué me **cuentas**?
- ▲ Todo bien. ¿**Te acuerdas** de las vacaciones de verano?
- ● Claro que **me acuerdo**. ¿Por qué?
- ▲ Porque tengo las fotos. Mañana te las **muestro**.
- ● Genial, ¿dónde quedamos?
- ▲ En la pizzería de siempre. Las pizzas no **cuestan** mucho.
- ● Vale, pues hasta mañana.

El presente de indicativo de los verbos terminados en –AR:

- los verbos irregulares (2)
- O > UE

el verbo CONTAR

(yo)	c**ue**nto
(tú)	c**ue**ntas
(él, ella, usted)	c**ue**nta
(nosotros, nosotras)	cont**amos**
(vosotros, vosotras)	cont**áis**
(ellos, ellas, ustedes)	c**ue**ntan

acordarse ▶ **Me** acuerdo **de** Ana.
acostar(se) ▶ Te acuestas tarde.
almorzar ▶ Almuerza a la una.
costar ▶ ¿Cuánto cuesta?
encontrar ▶ Encontramos el libro.

mostrar ▶ Mostráis el camino.
recordar ▶ Recuerdan su infancia.
sonar ▶ El teléfono suena.
soñar ▶ Sueño **con** ir a Canadá.
volar ▶ Los pájaros vuelan.

 El verbo **contar** tiene dos significados:

contar una historia

contar hasta diez

1, 2, 3, 4...

44 cuarenta y cuatro

¿Qué me cuentas? 18

Ejercicios

1. Conjuga los verbos.

a Este libro (costar) _____ caro.
b _____ (almorzar, yo) a la una.
c Usted (encontrar) _____ el billete.
d _____ (recordar, tú) la película.

2. Escribe las frases en plural.

a _____
b _____
c _____
d _____

3. Contesta las preguntas.

a ¿Qué cuentan? (el dinero)
b ¿Encontráis las llaves? (no)
c ¿Qué suena? (mi teléfono)
d ¿Te acuerdas de mis amigos? (sí)
e ¿Dónde almuerza usted? (en casa)
f ¿Te acuestas tarde? (no)

4. Relaciona.

a Recuerdo…
b Juana almuerza…
c ¿Cuánto cuestan…
d No encuentro…
e Se acuerda…
f Sueñan…
g ¿Cuánto cuesta…

1 estas manzanas?
2 con viajar a Bolivia.
3 pizza y ensalada.
4 de sus amigos.
5 una entrada de cine?
6 mi teléfono.
7 las vacaciones.

5. Completa con los verbos conjugados.

a Cada día _____ (almorzar, yo) con mis amigos en el colegio.
b la película _____ (empezar) a las 6:30.
c _____ (pensar, yo) que estos libros no _____ (costar) más que aquellos.
d _____ (acordarse, nosotros) mucho de nuestras vacaciones en el mar.
e No _____ (comprar, ellos) esta casa porque _____ (costar) mucho.

6. Escucha y marca la opción correcta. (Pista 18)

a Me levanto a las 10. ☐
   Me acuesto a las 10. ☐

d No recuerdo la película. ☐
   Me acuerdo de la película. ☐

b No encuentras la llave. ☐
   No encontráis la llave. ☐

e Sueña con visitar Egipto. ☐
   Sueñan con visitar Egipto. ☐

c ¿Cuánto cuesta? ☐
   ¿Cuánto cuestan? ☐

f Almuerzo a la una y cuarto. ☐
   Almuerza a la una y cuarto. ☐

19 GUSTAR: presente de indicativo

- ▲ ¿**A ti te** gust**a** la fruta?
- ● ¡Uy! No **me** gust**a**, ¡**me** encant**a**!
- ▲ ¿Cuál es tu fruta favorita?
- ● No tengo una fruta favorita. **Me** gust**an** las fresas, las frambuesas, las naranjas… ¿Y **a ti**?
- ▲ **A mí** no **me** gust**an** las naranjas. Son ácidas. Pero **me** encant**an** las manzanas y las uvas.

El verbo GUSTAR

(a mí)	me	
(a ti)	te	gust**a** el chocolate. (singular)
(a él, ella, usted)	le	
		gust**a** cant**ar**. (infinitivo)
(a nosotros/as)	nos	
(a vosotros/as)	os	gust**an** los animales. (plural)
(a ellos, ellas, ustedes)	les	

- gust**a** se usa:
  - ▸ antes de un sustantivo singular: Me gusta el cine.
  - ▸ antes de un verbo en infinitivo: Nos gusta bailar.

- gust**an** se usa:
  - ▸ antes de un sustantivo (o varios) plural: Me gustan las películas americanas. Te gustan las manzanas y las peras.
  - ▸ antes de varios sustantivos en singular: Nos gustan el chocolate y el café.

 **A mí, a ti,** etc. solo se usan para insistir sobre una diferencia:
A mí me gusta jugar al tenis, pero a ti te gusta jugar al fútbol.
A Elena le gustan las películas de miedo, pero a mí no.

 **La negación del verbo *gustar*:**
¿Te gusta el teatro? –No, **no** me gusta [el teatro].
¿Les gusta a tus padres el deporte? –No, **no** les gusta [el deporte].

NOTA: varios verbos se forman como el verbo *gustar*:

encantar	**A** María **le** encant**an** **las** canciones de ese grupo.
interesar	¿**Os** interes**a** la historia? –No, no **nos** interes**a** la historia
molestar	**A** Pedro y **a** Ana **les** molest**a** **el** ruido.

¿Te gusta...? 19

Ejercicios

1. Relaciona para formar frases.

a Me encanta
b A Luisa le gustan
c A ti te interesan
d A José y Pedro les fascina

1 esta película.
2 estos cantantes.

2. Contesta las preguntas según el modelo.

¿Te gustan los kiwis? (mangos)   –No, a mí no me gustan los kiwis, me gustan los mangos.

a ¿Te gustan los pomelos? (naranjas)
No, _____

b ¿Le gustan a Ana las cerezas? (fresas)
No, _____

c ¿Les interesa a ustedes el fútbol? (tenis y baloncesto)
No, _____

d ¿Les gusta a ellos la literatura rusa? (francesa)
No, _____

e ¿Te molesta el olor a café? (el humo del cigarrillo)
No, _____

3. Selecciona el pronombre adecuado y pon la terminación correcta (singular/plural).

a A mí
b A Claudia
c A vosotros
d A Felipe y a María
e A nosotros
f A usted
g A ustedes

• le
• les
• nos
• me
• os

• encant_____ esta novela.
• gust_____ las historias de piratas.
• fascin_____ la época de los dinosaurios.
• encant_____ andar en bici.
• interes_____ los programas deportivos.
• gust_____ los cereales con leche.
• interes_____ la Geografía.

4 ¿Verdadero o falso? Escucha y marca.

Pista 19

a A Elisa le gustan las fresas
b A ellos les encantan los mangos
c Al hermano de Luis le interesa el campeonato de tenis.
d A nosotros nos fascina la fauna tropical.
e A Ana y a Claudia les molesta el canto de los pájaros.
f A vosotros os gusta nadar en el mar.

V F

47 cuarenta y siete

20 La conjunción NI; los adverbios NUNCA y JAMÁS

- ▲ ¡Qué bien esquías! ¿Practicas mucho?
- ● Sí. Mis abuelos viven en la montaña. ¿Y tú?
- ▲ Yo **nunca** esquío. Vivo muy lejos de aquí, cerca del mar. Nado muy bien y también buceo.
- ● ¡Qué suerte! Yo **ni** nado **ni** buceo. Mi hermano bucea, pero **no** me habla **nunca** de sus viajes.

La conjunción *ni*

La conjunción ni se usa para coordinar dos negaciones. Existen varios casos:

- **Dos o más sujetos**

  Ni Manuela ni Juana viven en Madrid.
  = **No** viven en Madrid ni Manuela ni Juana.

  Ni Alejandro ni Pablo ni Juan hablan alemán.
  = **No** hablan alemán ni Alejandro ni Pablo ni Juan.

- **Un solo sujeto**

  Felipe ni habla español ni estudia inglés.
  = Felipe **no** habla español ni estudia inglés.

  No me gustan ni el chocolate ni el café.

  Ni por la mañana ni por la tarde me llama por teléfono.
  = **No** me llama ni por la mañana ni por la tarde.

Los adverbios de negación *nunca* y *jamás*

Los adverbios de negación *nunca* y *jamás* son sinónimos. Se ponen antes del verbo o después si la frase empieza por no:

Paula **nunca** prepara el almuerzo.
= Paula **no** prepara **nunca** el almuerzo.
= Paula **jamás** prepara el almuerzo.
= Paula **no** prepara **jamás** el almuerzo.

Nunca estudio por la noche.
= **No** estudio **nunca** por la noche.
= **Jamás** estudio por la noche.
= **No** estudio **jamás** por la noche.

nunca ≠ siempre
jamás ≠ siempre

Paula **siempre** prepara el almuerzo.
Siempre estudio por la noche.

¿Esquías o buceas? 20

Ejercicios

1. Contesta negativamente con *ni... ni*.

a ¿Nadas o buceas? _____
b ¿Vivís en el campo o en la montaña? _____
c ¿Te gustan las naranjas y el melón? _____
d ¿Compramos pan y queso? _____
e ¿Es Ana rubia y alta? _____

2. Escribe tres frases con el mismo significado.

a Nunca suena mi teléfono.
1 _____
2 _____
3 _____

b No llamas jamás a Luis.
1 _____
2 _____
3 _____

3. Di lo contrario utilizando *ni... ni...*

a Me gustan el teatro y las películas del oeste.
No _____

b A Marisol le interesan las carreras de coches y los maratones.
_____

c Nos gusta preparar pasteles y tartas.
_____

d Siempre esquías en diciembre y en febrero.
_____

e Siempre vamos al cine o al teatro después de clase.
_____

4. Escucha y marca la opción correcta.   **Escribe lo contrario de lo que oyes.**

Pista 20

a Mi hermana y yo no nadamos nunca en el mar. ☐
  Mi hermana y yo jamás nadamos en el mar. ☐
1 _____
  _____

b Siempre estudia durante el fin de semana. ☐
  Nunca estudia durante el fin de semana. ☐
2 _____
  _____

c Juan y Lola nunca llaman a sus amigos. ☐
  Juan y Lola no llaman nunca a sus amigos. ☐
3 _____
  _____

TEST 4

1. Pon las palabras en orden para contestar la pregunta.

a ¿A qué hora llegas a casa por la tarde?

casa / a / seis / las / a / llego

_____

b ¿Cierra Luisa la ventana?

no / la / cierra / ventana / no / Luisa / cierra / puerta / la

_____

c ¿Te gustan el pastel de chocolate y la tarta de fresas?

me / no / el / chocolate / no / pastel / de / gustan / la / ni / fresas / tarta / de / ni

_____

2. ¿Regular o irregular? Marca en la tabla.

	regular	e>ie	o>ue
hablar	X		
almorzar			
pensar			
encontrar			
estudiar			
contestar			
recordar			
atravesar			
acostarse			
encontrar			

	regular	e>ie	o>ue
levantarse			
comenzar			
mostrar			
enseñar			
comprar			
pagar			
empezar			
soñar			
sentarse			
acordarse			

TEST 4

3. Selecciona el verbo adecuado y completa la frase con el verbo conjugado.

a
– levantarse
– acostarse

b
– despertarse
– llegar

▶ Lola _____ a las nueve.

▶ Yo _____ a las 8.

c
– soñar
– volar

d
– almorzar
– encontrar

▶ El águila _____.

▶ Ana _____ con sus amigas.

e
– pensar
– sentarse

f
– sonar
– soñar

▶ Juan y José _____ en las sillas.

▶ Luis _____ con tener mucho dinero.

4. Crucigrama. Completa con los verbos siguientes:

→ **Horizontal**
1. necesitar (yo)
2. pensar (ella)
3. llegar (nosotros)
4. almorzar (ellos)
5. cerrar (él)
6. pensar (vosotros)
7. encontrar (yo)
8. recordar (nosotros)
9. contar (tú)
10. sonar (ustedes)

↓ **Vertical**
a. esperar (usted)
b. dar (yo)
c. recordar (tú)
d. comprar (él)
e. pensar (nosotros)
f. acostar (yo)
g. explicar (ellos)
h. preguntar (vosotros)
i. pagar (ustedes)
j. esquiar (nosotros)

21 Verbos terminados en –ER: presente de indicativo

- ▲ No **comprendo**: ¿Cómo importas fotos desde internet?
- ● Es muy fácil, yo te enseño.
- ▲ ¿Tú **crees**?
- ● ¡Claro! Primero **escoges** la foto que te gusta. Por ejemplo, esta. Luego, pulsas sobre el botón derecho del ratón. Seleccionas "copiar" y pegas la foto en tu documento.
- ▲ ¿Así?
- ● Exactamente. ¡Qué rápido **aprendes**!

El presente de indicativo de los verbos terminados en –ER:

- **los verbos regulares**

Todos los verbos terminados en –ER tienen la misma terminación que el verbo APRENDER:

el verbo APRENDER

(yo)	aprend**o**	español.
(tú)	aprend**es**	el vocabulario.
(él, ella, usted)	aprend**e**	la lección.
(nosotros, nosotras)	aprend**emos**	el camino.
(vosotros, vosotras)	aprend**éis**	mucho.
(ellos, ellas, ustedes)	aprend**en**	poco.

beber	➤ Bebo mucha agua.	esconder	➤	Escondemos el dinero.
comer	➤ Comes muy poco.	escoger	➤	Escogéis una película.
comprender	➤ No comprende todo.	leer	➤	Ana y Luis leen mucho.
correr	➤ Corre muy deprisa.	ver	➤	Ven a sus primos.
creer	➤ Usted cree que es fácil.	vender	➤	Ustedes venden libros.

⚠️ Los verbos *ver* y *escoger* son particulares a la primera persona del singular:

v**e**o	vemos	esco**j**o	escogemos
ves	veis	escoges	escogéis
ve	ven	escoge	escogen

¿Comprendes? 21

Ejercicios

1. Conjuga el verbo.

a La abuela de Jesús no _____ (comprender) cómo funciona internet.
b Usted _____ (aprender) muy rápidamente.
c ¿_____ (beber, tú) agua cuando _____ (comer, tú)?
d El panadero _____ (vender) pan.
e _____ (escoger, yo) una novela policiaca.
f _____ (creer, yo) que Lea _____ (correr) todas las mañanas.
g Juan _____ (esconder) su cámara en su mochila.

2. Relaciona.

a Yo no leo…
b Aprendes…
c El señor López vende…
d Marta come…
e Bebéis…
f Ustedes creen…
g Ana esconde…
h José y Luis corren…
i Ves…

1 que es difícil.
2 una manzana.
3 a utilizar el ordenador.
4 el periódico.
5 su dinero en el bolso.
6 a tu hermano en el partido.
7 mucho té.
8 diez kilómetro cada tarde.
9 zapatos.

3. Contesta las preguntas.

a ¿Aprendes a hablar español?   –Sí, _____
b ¿Comen muchas galletas?   –No, _____
c ¿Corre Anabel muy rápidamente?   –Sí, _____
d ¿Veis el perro de Pablo?   –No, _____
e ¿Bebe usted mucha agua?   –Sí, _____

4. Escribe un verbo adecuado en la forma correcta.

a _____ (yo) muy poca leche.
b _____ (vosotros) pizza cada semana.
c Usted _____ un libro muy interesante.
d Anabel _____ que el ejercicio es fácil, pero no lo es.

5. Dictado. *Pista 21*

a María no _____ por qué me gusta _____
b _____ y _____ mucho.
c No _____ ni a Ana ni a Luis porque se _____
d _____ una película y la _____ con mis amigos.

53 cincuenta y tres

22 Verbos terminados en –ER con diptongación E ➤ IE

▲ Date prisa, no **quiero perder** el autobús.
● No **entiendo**, ¿por qué tienes tanta prisa?
▲ Porque **quiero** visitar la ciudad con mis tíos. Están aquí por unos días. Cuando están solos, se **pierden**. Pero te llamo al llegar a casa, ¿vale?
● Vale. **Enciendo** el móvil y espero tu llamada.
▲ Perfecto. ¡Hasta esta tarde!

El presente de indicativo de los verbos terminados en –ER:

- **Los verbos irregulares (1)**

  ➤ E > IE

  el verbo QUERER

(yo)	qu**ie**ro	un helado de vainilla.
(tú)	qu**ie**res	una bici.
(él, ella, usted)	qu**ie**re	visitar el museo.
(nosotros, nosotras)	qu**e**remos	escuchar este disco.
(vosotros, vosotras)	qu**e**réis	comprar pan.
(ellos, ellas, ustedes)	qu**ie**ren	jugar al baloncesto.

  defender ➤ El perro defiende la casa.
  encender ➤ Enciendo el ordenador.
  entender ➤ No entiende la pregunta.
  perder ➤ Siempre pierdo las llaves.
  tender ➤ Tiendo la ropa en la azotea.

   entender = comprender
  No entiendo la pregunta.
  = No comprendo la pregunta.

   El verbo *perder* tiene varios significados:

   Juan siempre pierde las llaves de casa.
   José está perdido.
   Luis pierde el tren.

¡No quiero perder el autobús! 22

Ejercicios

1. Conjuga los verbos.

a Claudia _____ (encender) la lámpara.

b Vosotros _____ (querer) una taza de chocolate.

c José siempre _____ (perder) su reloj.

d ¿(tender, tú) _____ la ropa en el jardín?

2. Contesta las preguntas como en el ejemplo.

–¿Siempre bebes té?
–No, nunca bebo té. / –Sí, siempre bebo té

a ¿Siempre enciendes tu teléfono?   –Sí, _____
b ¿Siempre queréis bailar?   –No, _____
c ¿Siempre entiendes los ejercicios?   –Sí, _____
d ¿Siempre tienden la ropa en el jardín?   –No, _____
e ¿Juan siempre defiende a sus amigos?   –Sí, _____
f ¿Siempre perdéis el autobús?   –No, _____

3. Selecciona y conjuga el verbo adecuado.

leer – encender – entender – perder – perder

a Yo no _____ ruso.
b El libro que usted _____ es muy interesante.
c Manuel nunca _____ las llaves.
d Siempre (tú) _____ el autobús.
e ¿_____ (ustedes) los ordenadores?

4. Escribe los verbos que oyes y su infinitivo. *Pista 22*

Oyes…	El infinitivo es…
a _____	_____
b _____	_____
c _____	_____
d _____	_____
e _____	_____
f _____	_____
g _____	_____
h _____	_____

23 Verbos terminados en –ER con diptongación O>UE

- ▲ ¿Diga?
- • Hola José, soy Luis. ¿Quieres jugar un partido de baloncesto? **Puedo** llevar el balón.
- ▲ Gracias, Luis, pero no **puedo**. Estoy en la biblioteca para **devolver** unos libros.
- • ¡Uf! La biblioteca está muy lejos. ¿Cómo **vuelves**?
- ▲ **Vuelvo** con la madre de Ramón a las 6 y media. Si **puedo** paso por tu casa, ¿vale?

El presente de indicativo de los verbos terminados en –ER:

- **los verbos irregulares (2)**

  > O > UE

el verbo VOLVER

(yo)	v**ue**lv**o**	rápidamente.
(tú)	v**ue**lv**es**	enseguida.
(él, ella, usted)	v**ue**lv**e**	a las dos de la tarde.
(nosotros, nosotras)	v**o**lv**emos**	mañana.
(vosotros, vosotras)	v**o**lv**éis**	a casa muy temprano.
(ellos, ellas, ustedes)	v**ue**lv**en**	de vacaciones.

devolver	➤	Devuelvo el libro a la biblioteca.
envolver	➤	Envuelves el regalo.
morder	➤	Muerde la manzana.
poder	➤	Usted puede llamar a Josefa.
resolver	➤	Resolvemos el problema.

⚠ el verbo OLER

(yo)	h**ue**l**o**	el aroma de las flores.
(tú)	h**ue**l**es**	el café de Ana.
(él, ella, usted)	h**ue**l**e**	el perfume que quiere comprar
(nosotros, nosotras)	**o**l**emos**	a perfume.
(vosotros, vosotras)	**o**l**éis**	a café.
(ellos, ellas, ustedes)	h**ue**l**en**	a sudor.

Huele mal
≠
Huele bien

 **Verbo impersonal llover**
Solo se utiliza en 3.ª persona del singular.
> llueve

56 cincuenta y seis

¿A qué hora vuelves? 23

Ejercicios

1. **Lee el diálogo de la página anterior y contesta las preguntas.**

   a ¿Puede José jugar al baloncesto con Luis? _____
   b ¿Por qué? _____
   c ¿Tiene Luis un balón de baloncesto? _____
   d ¿Qué devuelve José a la biblioteca? _____
   e ¿Dónde está José? _____
   f ¿Con quién vuelve José de la biblioteca? _____
   g ¿A qué hora vuelve de la biblioteca? _____

2. **Escribe el verbo en la forma correcta y relaciona cada pregunta con la respuesta correcta.**

   a ¿A qué hora _____ (volver, tú)?   • 1 No, mañana.
   b ¿_____ (poder) usted cerrar la puerta? •   • 2 A los desconocidos.
   c ¿Qué _____ (envolver, vosotras)?   •   • 3 Esteban.
   d ¿A quiénes _____ (morder) los perros? •   • 4 A la una.
   e ¿_____ (devolver, tú) hoy los libros? •   • 5 El regalo de Óscar.
   f ¿Quién _____ (resolver) el problema?   •   • 6 Sí, claro.

3. **Completa con el verbo *oler*.**

   a Estas rosas _____ muy bien.
   b Antes de comprar uno, (yo) _____ todos los perfumes de la tiendas.
   c ¡Qué bien _____ estas salchichas!
   d ¡Qué mal _____ este queso!
   e _____ a pescado.

4. **Escucha las preguntas y escribe las respuestas en negativo.**
   Pista 23

   a No, _____
   b _____
   c _____
   d _____
   e _____
   f _____

24 Verbos irregulares terminados en –ER

- ▲ ¿Qué **hacemos** ahora?
- ● No **sé**. ¿Qué **propones**?
- ▲ Pues yo **propongo** lo siguiente: yo **hago** las camas y tú **pones** la mesa. Así acabamos rápidamente y nos queda tiempo para jugar a la consola. Papá y mamá llegan a las 8 y **traen** la comida.
- ● ¿**Sabes** cómo se **ponen** los cubiertos?
- ▲ No estoy seguro. Creo que los cuchillos a la derecha y los tenedores a la izquierda. ¿**Pongo** también los vasos?
- ● Sí. ¡Cuidado! ¡**Se cae** un plato!

El presente de indicativo de los verbos terminados en –ER:

- Los verbos irregulares (3)

el verbo HACER

(yo)	hago	el ejercicio.
(tú)	haces	la cama.
(él, ella, usted)	hace	un dibujo.
(nosotros, nosotras)	hacemos	muchos esfuerzos.
(vosotros, vosotras)	hacéis	muchas cosas.
(ellos, ellas, ustedes)	hacen	poco deporte.

el verbo SABER

(yo)	sé
(tú)	sabes
(él, ella, usted)	sabe
(nosotros, nosotras)	sabemos
(vosotros, vosotras)	sabéis
(ellos, ellas, ustedes)	saben

¡Yo sé!

Pablo no sabe

el verbo PONER

(yo)	pongo
(tú)	pones
(él, ella, usted)	pone
(nosotros, nosotras)	ponemos
(vosotros, vosotras)	ponéis
(ellos, ellas, ustedes)	ponen

Luis pone dinero en su hucha.

el verbo CAER

(yo)	me caigo
(tú)	te caes
(él, ella, usted)	se cae
(nosotros, nosotras)	nos caemos
(vosotros, vosotras)	os caéis
(ellos, ellas, ustedes)	se caen

Felipe se cae al suelo.

No sé qué hacer   24

Ejercicios

1. Contesta las preguntas.

   a ¿Quién pone la mesa?   –Luisa _____
   b ¿Haces la cama?   –Sí, _____
   c ¿Dónde se ponen los tenedores?   –_____
   d ¿Haces mucho deporte?   –Sí, _____
   e ¿Pones el CD?   –No, _____
   f ¿Hacemos el ejercicio ahora?   –Sí, _____

2. Relaciona las columnas.

   a Se caen…   **1** el plato de la mesa.
   b Pongo …   **2** los vasos de la mesa.
   c No sabemos…   **3** qué hacer.
   d Se cae…   **4** la botella en la mesa.

3. Selecciona la continuación de la frase correcta. Algunas oraciones tienen varias continuaciones posibles.

   a Yo pongo…
       ☐ **1** la mesa.
       ☐ **2** el libro en la estantería.
       ☐ **3** la cama.

   b Antonio se cae…
       ☐ **1** al suelo.
       ☐ **2** el cubo de agua.
       ☐ **3** de la silla.

   c Lucía no sabe…
       ☐ **1** qué hacer.
       ☐ **2** muchos esfuerzos.
       ☐ **3** hablar inglés.

   d Ellos hacen…
       ☐ **1** el dinero en su monedero.
       ☐ **2** la comida.
       ☐ **3** la mesa.

4. Ordena las palabras para formar frases.

   a hace – deporte – mucho – Juan.   _____
   b suelo – me – al – caigo   _____
   c sabe – Felipe – hacer – comida – la _____
   d libros – pongo – mi – mochila – los – en _____

5. Escucha y marca la opción correcta. (Pista 24)

   a Ponéis los vasos en la mesa. ☐   **c** Hacemos pocas cosas. ☐
      Pones los vasos en la mesa. ☐   Sabemos pocas cosas. ☐

   b Pongo la comida. ☐   **d** Hacéis muchos dibujos. ☐
      Hago la comida. ☐   Hacen muchos dibujos. ☐

25 DOLER; formas tónicas con preposición

- ▲ ¿Qué te pasa? Tienes mala cara.
- ● **Me duele** la cabeza.
- ▲ ¿Estás enfermo?
- ● No sé. Creo que sí. También **me duelen** la espalda y las articulaciones.
- ▲ ¿Son estas pastillas **para** ti?
- ● Sí, son para mí.
- ▲ ¿También **te duele** la garganta?
- ● **Me duele** un poco.
- ▲ Yo creo que es la gripe. Si quieres, llamo a un médico y me quedo contigo.

el verbo DOLER

El verbo *doler* se forma como el verbo *gustar*:

(a mí) (a ti) (a él, ella, usted) (a nosotros/as) (a vosotros/as) (a ellos, ellas, ustedes)	me te le nos os les	duele la cabeza. (singular) el brazo. duelen los pies. (plural) las piernas.

duel**e** se usa antes de un sustantivo singular;

duel**en** se usa antes de un sustantivo plural.

Recuerda que *a mí*, *a ti* etc. solo se usan para insistir sobre una diferencia:

A mí me duele la cabeza, pero a ti no.

La negación se hace igual que con el verbo *gustar*.

¿Te duelen los pies?
—No, no me duelen (los pies)

• **Las formas tónicas con preposición**

Enrique está Anabel habla	conmigo. contigo. con él / ella / usted. con nosotros / nosotras con vosotros / vosotras con ellos / ellas / ustedes

Este regalo es Estos regalos son	para mí para ti para él / ella / Ud. para nosotros/as para vosotros/as para ellos / ellas / Uds.

¿Qué te pasa?

Ejercicios

1. Selecciona la imagen correspondiente.

a A Ana le duele la cabeza.

1 2 3

b A Esteban no le duele todo el cuerpo, solo le duele la pierna.

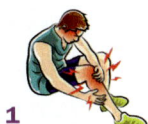  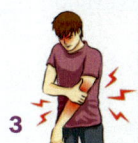
1 2 3

c A Luisa no le duelen los pies ni la cabeza.

1 2 3

d Al señor Díaz le duele la espalda.

 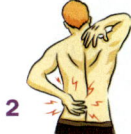 
1 2 3

2. Contesta las preguntas.

a ¿Están Luis y Ana contigo? (sí)
b ¿Con quién estáis? (Ángel)
c ¿Es este paquete para mí? (no)
d ¿Son de Pedro estos patines? (no)
e ¿Te duelen los pies? (sí)

3. Relaciona cada pregunta con la respuesta correspondiente.

a ¿Qué te duele? •   • 1 Para Antonia.
b ¿Para quién es este regalo? • • 2 Los pies.
c ¿De quién es esta carta? •   • 3 La cabeza.
d ¿Con quién están los niños? • • 4 Conmigo.
e ¿Le duele mucho? •   • 5 No, es de mis padres.
f ¿Os duelen los pies o las piernas? • • 6 Sí.
g ¿Es esta postal de Alejandra? • • 7 De Luisa.

4 ¿Verdadero o falso? Escucha y marca.

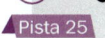

V F

a A Ana le duele la cabeza.
b A Antonio le duelen los pies.
c Pablo está con Pedro.
d A ellos les duele el estómago.
e Esta carta es para Pedro.

TEST 5

1. **Contesta negativamente y selecciona la imagen correspondiente.**

    a ¿Es **este** CD *para ti*?
    –No, no es _____, es para Roberto.   1   2   3

    b ¿Está el perro *contigo*?
    –No, no está _____, está **allí** con Felipe   1   2   3

    c ¿Es **aquel** el gorro *de Marta*?
    –No, el _____ es rojo.   1   2   3

    d ¿Es *tuyo* **este** refresco?
    –No, no _____, es de Juan.   1   2   3

    e ¿Queréis comprar esta moto?
    –No, _____ **esa**.   1   2   3

2. **Selecciona una pregunta para cada respuesta.**

    a ¿Qué devolvéis?   ☐   –Sí, devolvemos el libro.
      ¿Devolvéis el libro?   ☐

    b ¿Dónde vuelves?   ☐   –Vuelvo de Madrid.
      ¿De dónde vuelves?   ☐

    c ¿Qué enciende Ana?   ☐   –Ana enciende el ordenador.
      ¿Enciende Ana el ordenador? ☐

    c ¿Qué te duele?   ☐   –Sí, me duele la cabeza.
      ¿Te duele la cabeza?   ☐

3. **Formula la pregunta adecuada.**

    a ¿_____? –Sí, quiero bailar contigo.
    b ¿_____? –No, no hace todos los ejercicios.
    c ¿_____? –Sí, comprenden el español.
    d ¿_____? –No, no tengo hermanos.
    e ¿_____? –No quiere correr porque no le gusta.

TEST 5

4. Mira las imágenes y responde las preguntas.

a ¿Qué quieres?
– _____ de agua.

b ¿Qué deportes te gustan?
– _____

c ¿Por qué no puedes jugar al tenis conmigo?
– _____

d ¿Qué queréis vender?
– _____

e ¿Qué hay en el armario?
– _____

5. Conjuga los verbos.

a hacer (nosotros) _____
b saber (yo) _____
c perder (vosotros) _____
d poner (ellos) _____
e ver (tú) _____
f leer (ustedes) _____
g querer (nosotras) _____
h volver (vosotros) _____
i comprende (ella) _____
j oler (nosotros) _____
k poner (yo) _____
l entender (usted) _____

6. Busca en la sopa de letras los seis primeros verbos de la actividad anterior (a, b, c, d, e, f) en 1.ª persona del singular y los seis segundos verbos (g, h, i, j, k, l) en la 3.ª persona del plural.

```
H W L B W P O N G O E K Y S E
U L A T P X L G E W H O P O U
E R J C O A U J E K K A U M Q
L C L G X L C Y J Q X U G P A
E O A E N T I E N D E N X O T
N M W J O Y N J V U E L V E N
Y P J I N W V D Q N Q Z E N M
D R P S K P K A U L T B O D X
W E X U M J I V I V V B E E P
E N J L E D V E E Q I L N N O
P D Q U I E R E N O R E O O P
S E X V V L E Y E D N Z Q I I
Z N C O L E N O N O O Y A E R
H F E L F R O U P I E R D O A
J H U O L E N K L I E P N N K
```

63 sesenta y tres

26 Verbos terminados en –IR; el complemento directo

▲ Este libro es apasionante. Es la historia de unos piratas que buscan un tesoro.
● ¿Y **lo** encuentran?
▲ Sí, después de muchos años **lo descubren** en una cueva. Como el capitán y su amigo no **lo** quieren **compartir**, los grumetes **los** abandonan en una isla desierta. Hay muchas joyas y monedas de oro. **Las** esconden en el barco y se marchan.

El presente de indicativo de los verbos terminados en –IR:

- **Los verbos regulares**

  Todos los verbos terminados en –IR tienen la misma terminación que el verbo VIVIR:

el verbo ABRIR

(yo)	abr**o**	la puerta.
(tú)	abr**es**	la ventana.
(él, ella, usted)	abr**e**	el cajón.
(nosotros, nosotras)	abr**imos**	el armario.
(vosotros, vosotras)	abr**ís**	la caja.
(ellos, ellas, ustedes)	abr**en**	el bolso.

cubrir	➤ Las nubes cubren el cielo.	partir	➤ Ana parte la tarta.
descubrir	➤ Los piratas descubren el tesoro.	recibir	➤ Recibimos pocas cartas.
enviar	➤ Envío una carta a José.	subir	➤ Subís las escaleras.
escribir	➤ Escribe un correo electrónico.	vivir	➤ Viven en Toledo.

Pronombres de complemento directo

sujeto	complemento directo (CD)
(yo)	me
(tú)	te
(él, ella, usted)	lo, la
nosotros/as	nos
vosotros/as	os
ellos, ellas, ustedes	los, las

Pedro lee **el libro**. (CD)
Pedro **lo** lee. (CD)

Juan lee **los libros**. (CD)
Juan **los** lee. (CD)

Juan invita **a Marta**. (CD)
Juan **la** invita. (CD)

Juan invita **a Luisa y a Marta**. (CD)
Juan **las** invita. (CD)

¿**Te** invita Luis a cenar? (CD)
—Sí, me invita (CD)

¿**Os** invita Juan a cenar? (CD)
—Sí, **nos** invita. (CD)

¿Qué descubren? 26

Ejercicios

1. Conjuga los verbos.

a _____ (abrir, yo) la puerta.
b Marta _____ (recibir) un regalo.
c _____ (enviar, tú) una carta.
d _____ (subir, él) el volumen de la radio.
e Pablo _____ (cubrir) al bebé.
f _____ (partir, vosotros) el pan.
g _____ (escribir, ellos) un poema.

2. Sustituye los complementos por un pronombre complemento directo como en el ejemplo.

a *La abro.*
b _____
c _____
d _____
e _____
f _____
g _____

3. Lee el diálogo de la página anterior y escribe las respuestas con pronombres complemento como en el ejemplo.

¿Compras el libro? ➤ *Sí, lo compro.*

a ¿Encuentran los piratas el tesoro? – _____
b ¿Dónde abandonan al capitán? – _____
c ¿Comparten los piratas las monedas de oro? – _____
d ¿Quién lee el libro de piratas? (Juan) – _____
e ¿Dónde esconden el tesoro? – _____
f ¿Quién cuenta la historia? (Juan) – _____

4. Relaciona las preguntas con sus respuestas.

a ¿Envías el paquete? • • 1 No, no lo veo.
b ¿Escribís la carta? • • 2 Sí, la mando.
c ¿Mandas la carta? • • 3 Sí, lo envío.
d ¿Ves a los piratas? • • 4 No, no los veo.
e ¿Ve usted al capitán? • • 5 Sí, la escribimos.

5. Escucha y marca la opción correcta.

Pista 26

a Ana no abre la puerta pero sí la ventana. ☐
   Ana no abre ni la puerta ni la ventana. ☐

b Luis envía un correo electrónico a su amigo. ☐
   Luis recibe un correo electrónico de sus amigos. ☐

c El padre de Ricardo parte la tarta de chocolate. ☐
   El padre de Ricardo parte el pastel de chocolate. ☐

d Subes al segundo piso. ☐
   Suben al segundo piso. ☐

e Los padres cubren al bebé por la noche. ☐
   Los padres descubren al bebé por la noche. ☐

27 Verbos terminados en –IR con cambio vocálico E>I

▲ ¿Por qué **os reís** de mí?
● No **nos reímos** de ti, Adriana. **Nos reímos** de las historias de Elisa. Es una chica muy graciosa. Siempre **nos reímos** mucho con ella.
▲ ¿Quién es Elisa?
● Es la camarera. ¿Por qué no **pides** un refresco? Así, si te **sirve** ella, te presentamos.
▲ Vale. ¡Camarera! Un refresco de naranja sin hielo, por favor.

El presente de indicativo de los verbos terminados en –IR:

- Los verbos irregulares (1)

  ➤ **E > I**

  el verbo PEDIR

(yo)	p**i**d**o**	un café.
(tú)	p**i**d**es**	un favor.
(él, ella, usted)	p**i**d**e**	un refresco..
(nosotros, nosotras)	ped**imos**	ayuda.
(vosotros, vosotras)	ped**ís**	dinero a vuestros padres.
(ellos, ellas, ustedes)	p**i**d**en**	el número de teléfono de Luis.

  medir ➤ Mido la habitación.   servir(se) ➤ El camarero sirve el café.
  repetir ➤ Repites la frase.   vestir(se) ➤ Os vestís muy elegantes.

   Los verbos **corregir**, **elegir** y **seguir** tienen una particularidad a la 1ª persona del singular:

corregir	corri**j**o corr**i**ges corr**i**ge	elegir	eli**j**o el**i**ges el**i**ge	seguir	si**g**o s**i**gues s**i**gue
	corregimos corregís corr**i**gen		elegimos elegís el**i**gen		seguimos seguís s**i**guen

me	río	con María.
te	ríes	mucho con ellas.
se	ríe	mucho con ellos.
nos	reímos	de la película.
os	reís	del payaso.
se	ríen	de vosotros.

  Observa:

  José se ríe **con** su padre.

  Luis se ríe **de** Felipe.

¿De qué os reís? — 27

Ejercicios

1. Lee el diálogo de la página anterior y contesta las preguntas.

a ¿Se ríen Marta y Ana de Adriana? _____
b ¿De qué se ríen Marta y Ana? _____
c ¿Con quién se ríen Marta y Ana? _____
d ¿Se ríe Marta de Ana? _____
e ¿Se ríe Ana con Marta? _____

2. Completa las preguntas.

a ¿Qué _____ (pedir, tú)

b ¿Qué _____ (corregir, los estudiantes?)

c ¿Qué _____ (medir) el arquitecto?

d ¿De quién _____ (reírse, vosotros)?

e ¿Qué _____ (repetir, ustedes)

f ¿Qué _____ (perseguir) tu perro?

3. Selecciona la respuesta.

☐ un café.
☐ una pregunta.

☐ las faltas.
☐ un refresco.

☐ el número de teléfono.
☐ los planos del edificio.

☐ de mí.
☐ conmigo.

☐ el dinero a mi padre.
☐ los verbos españoles.

☐ Ana.
☐ el coche de Ana.

4. Dictado. *Pista 27*

a Esta _____ es muy _____ : _____ mucho.
b Los habitantes _____ al presidente de la República.
c Mercedes y Marta siempre _____ de la misma manera.
d _____ más café y _____ la cuenta.
e _____ el coche de vuestros amigos.
f La profesora _____ la frase y _____ el ejercicio.
g Siempre _____ mucho _____ Felipe.
h Pedro _____ un metro ochenta.

28 Verbos terminados en –IR con diptongación E>IE o O>UE

▲ ¿Qué quieres hacer esta tarde? ¿Quieres ver una película o **prefieres** visitar a José?
● No sé. Hace muy buen tiempo hoy. Creo que **prefiero** pasear por el bosque. Podemos hacer un picnic. ¿Qué te parece?
▲ ¡Muy buena idea! Llamo ahora mismo a José.
● José no **se siente** muy bien últimamente. Está muy cansado.
▲ ¿Que le pasa?
● Duerme muy poco. Está muy estresado por los exámenes

El presente de indicativo de los verbos terminados en –IR:

- **Los verbos irregulares (2)**

  ➤ **E > IE**

  el verbo PREFERIR

(yo)	pref**ie**r**o**	el chocolate.
(tú)	pref**ie**r**es**	el té al café.
(él, ella, usted)	pref**ie**r**e**	tomar un zumo de naranja.
(nosotros, nosotras)	prefer**imos**	dormir la siesta.
(vosotros, vosotras)	prefer**ís**	nadar en el mar.
(ellos, ellas, ustedes)	pref**ie**r**en**	no pedir dinero a sus padres.

  divertir(se) ➤ Juan divierte a su hermano.   sentir(se) ➤ Siento llegar tarde.
  ➤ Nos divertimos mucho.   ➤ No me siento bien.

  ➤ **O > UE**

  el verbo DORMIR

(yo)	d**ue**rm**o**	mucho.
(tú)	d**ue**rm**es**	muy poco.
(él, ella, usted)	d**ue**rm**e**	bien.
(nosotros, nosotras)	dorm**imos**	mal.
(vosotros, vosotras)	dorm**ís**	hasta las 8.
(ellos, ellas, ustedes)	d**ue**rm**en**	la siesta.

  morir ➤ Muchos animales m**ue**ren a causa de la contaminación.

Observa

Juan se duerme tarde por la noche.   Juan se duerme en clase.   Juan duerme profundamente.

¿Qué prefieres hacer? 28

Ejercicios

1. **Conjuga los verbos y selecciona la respuesta.**

   a ¿Qué _____ (preferir, tú) hacer?
   ☐ Paseo por el bosque.   ☐ Pasear por el bosque.

   b ¿No _____ (sentirse, tú) bien?
   ☐ No, estoy enfermo   ☐ Sí, duermo mal.

   c ¿Cuántas horas _____ (dormir) Juan?
   ☐ 9 horas.   ☐ A las 9.

   d ¿_____ (dormirse, tú) enseguida?
   ☐ Sí, siempre.   ☐ Sí, duermo muy bien.

2. **Contesta las preguntas.**

   a ¿Qué prefieres, un té o un café?   _____ un té.
   b ¿Cómo se siente usted hoy?   _____ muy bien, gracias.
   c ¿Dónde dormís esta noche?   _____ en casa de Enrique.
   d ¿En qué habitación duermes?   _____ en esta habitación.

3. **Relaciona para hacer oraciones.**

   a Antonia prefiere…   • 1 muy bien.
   b Esta noche…   • 2 mucho con Elisa y Pablo.
   c Esta película me…   • 3 profundamente.
   d Juan no se siente…   • 4 dormimos en el hotel.
   e Nos divertimos…   • 5 divierte mucho.
   f José y Ana duermen…   • 6 el café al té.

4. **Pon las palabras en orden.**

   a un – de – zumo – prefiero – tomar – naranja
   _____

   b de – hasta – la – mañana – once – duerme – José – las
   _____

5. **¿Verdadero o falso? Escucha y marca.**
   Pista 28

	V	F
a Juan duerme mucho.	☐	☐
b Ana prefiere el chocolate al té.	☐	☐
c José y Pedro se divierten mucho.	☐	☐
d Luisa prefiere el tenis al baloncesto.	☐	☐

29 Verbos irregulares terminados en –IR

- ▲ ¡Hola Antonia, ¿**adónde vas**?
- ● **Voy** a casa.
- ▲ ¿**De dónde vienes** tan tarde?
- ● **Vengo** de la clase de baile moderno. Entrenamos mucho para nuestro espectáculo. Empezamos a las 5 y **salimos** a las 8.
- ▲ María **dice** que bailas muy bien.
- ● Gracias. ¿Piensas **ir** al espectáculo?
- ▲ ¡Claro que sí!

El presente de indicativo de los verbos terminados en –IR:

- Los verbos irregulares (3)

	DECIR	IR	SALIR	OÍR	VENIR
(yo)	digo	voy	salgo	oigo	vengo
(tú)	dices	vas	sales	oyes	vienes
(él, ella, usted)	dice	va	sale	oye	viene
(nosotros, nosotras)	decimos	vamos	salimos	oímos	venimos
(vosotros, vosotras)	decís	vais	salís	oís	venís
(ellos, ellas, ustedes)	dicen	van	salen	oyen	vienen

Observa

Yo

Voy a la escuela.

≠

nosotros
(aquí)

Venimos de la escuela.

(allí)

¿**Adónde** vas?
–Voy **al** colegio

¿**De dónde** vienes?
–Vengo **del** colegio.

 ≠
salir   entrar

¿Vas o vienes? 29

Ejercicios

1. Lee el diálogo y contesta las preguntas.

   a ¿Adónde va Antonia?
   b ¿De dónde viene?
   c ¿Por qué entrenan mucho?
   d ¿A qué hora empieza la clase de baile?
   e ¿A qué hora sale Antonia de clase?
   f ¿Qué dice María?

2. Escribe en singular.

   a Decimos que tenéis razón.
   b Venís mañana a casa.
   c Salimos muy tarde de clase.
   d No van a la fiesta.
   e No oímos la música.

3. Utiliza verbos diferentes para decir lo contrario.

   a Voy a la panadería.
   b Entras en el cine.
   c Elisa viene de casa.

4. Relaciona cada pregunta con la respuesta correspondiente.

   a ¿Qué dices?   1 A las 8.
   b ¿A qué hora salen de clase?   2 Porque no nos gusta.
   c ¿Por qué no vais a bailar?   3 No, del teatro.
   d ¿Qué oyes?   4 El teléfono.
   e ¿Van a casa?   5 No, al cine.
   f ¿Venís del cine?   6 Digo que me gusta bailar.

5. Contesta las preguntas.

Pista 29

   a ¿Por qué no va Ana a la fiesta?
   b ¿A qué hora sale Luis de casa?
   c ¿De dónde viene Elisa?
   d ¿A quién oye Marta?
   e ¿A dónde va Natalia?
   f ¿Con quién va Luis al concierto?

30 Verbos irregulares en la 1ª persona de singular: C>ZC

▲ ¡Quiero aprender a **conducir**. ¿Tú no?
● Sí. Cuando voy a casa de mi tío, que vive en el campo, a veces me deja **conducir** un coche viejo que tiene en el jardín. Pero **conduzco** muy mal. En cambio, Luis **conduce** muy bien.
▲ ¿Quién es Luis? No lo **conozco**.
● Sí lo **conoces**: es mi hermano mayor, el que **traduce libros** de inglés a español. Me ayuda cuando **traduzco** la letra de mis canciones favoritas.

Presente de indicativo: verbos irregulares 1ª persona del singular: C => ZC

- **Verbos en –ER**

	CONOCER	CRECER	NACER	OBEDECER	OFRECER
(yo)	cono**zco**	cre**zco**	na**zco**	obede**zco**	ofre**zco**
(tú)	conoc**es**	crec**es**	nac**es**	obedec**es**	ofrec**es**
(él, ella, usted)	conoc**e**	crec**e**	nac**e**	obedec**e**	ofrec**e**
(nosotros, nosotras)	conoc**emos**	crec**emos**	nac**emos**	obedec**emos**	ofrec**emos**
(vosotros, vosotras)	conoc**éis**	crec**éis**	nac**éis**	obedec**éis**	ofrec**éis**
(ellos, ellas, ustedes)	conoc**en**	crec**en**	nac**en**	obedec**en**	ofrec**en**

observa

desconocer ➤ Desconozco su nombre.
desobedecer ➤ Luis no desobedece a sus padres.
reconocer ➤ No reconozco el camino.

 parecer — Esta película parece interesante. Esa chica parece simpática.

parecer**se** — No **me** parezco **a** mi padre, **me** parezco **a** mi madre. Felipe **se** parece **a** su hermano.

- **Verbos en –IR**

	TRADUCIR	CONDUCIR	INTRODUCIR
(yo)	tradu**zco**	condu**zco**	introdu**zco**
(tú)	traduc**es**	conduc**es**	introduc**es**
(él, ella, usted)	traduc**e**	conduc**e**	introduc**e**
(nosotros, nosotras)	traduc**imos**	conduc**imos**	introduc**imos**
(vosotros, vosotras)	traduc**ís**	conduc**ís**	introduc**ís**
(ellos, ellas, ustedes)	traduc**en**	conduc**en**	introduc**en**

¿Conoces a Luis? 30

Ejercicios

1. Contesta negativamente.

a ¿Conduce usted bien? _____
b ¿Conoce Anabel a Luisa? _____
c ¿Obedecen tus hermanos a tus padres? _____
d ¿Traducís textos aburridos? _____
e ¿Conoces a Felisa? _____

2. Ordena las palabras para hacer frases.

a libros – traduce – muy – Luisa – interesantes – muchos
_____

b conozco – a – no – amigos – de – los – Luis
_____

c pájaros – primavera – nacen – muchos – en
_____

d Anabel – letra – de – canciones – sus – favoritas – traduce – la
_____

e señora – la – ofrece – López – café – a – sus – invitados – un
_____

3. Contesta afirmativa o negativamente con *nunca* o *siempre*.

a ¿Nacen los pájaros en invierno? (no) _____
b ¿Traduces la letras de las canciones? (sí) _____
c ¿Conduces muy deprisa? (no) _____
d ¿Obedecéis a los profesores? (sí) _____
e ¿Reconoces a los primos de Luis? (no) _____

4. Sustituye los complementos directos por pronombre complemento directo como en el ejemplo.

a Conduzco el coche.   *Lo conduzco.*
b Traduces los documentos. _____
c Ofrecen una taza de café. _____
d Introduzco la llave en la cerradura. _____
e Conocéis a las hermanas de José. _____

5. Escucha y marca la opción correcta. (Pista 30)

a Reconozco a ese chico. ☐   c Traduzco muy bien. ☐
  Desconozco el motivo. ☐   Conduzco muy bien. ☐
b Nacen en primavera. ☐   d ¿Conoces a Ana? ☐
  Renacen en primavera. ☐   ¿Conduce Ana? ☐

TEST 6

1. **¿Qué hace el ladrón? Pon en orden cronológico: 1, 2, 3…**

   a Cierra la puerta. ☐
   b Encuentra el dinero. ☐
   c Introduce la llave en la cerradura. ☐
   d Sale de la casa. ☐
   e Toma el dinero. ☐
   f Abre la puerta. ☐
   g Pone el dinero en su bolso. ☐
   h Entra. ☐
   i Se va. ☐

2. **¿Qué haces cada día? Conjuga los verbos.**

   a Levantarse – ducharse – hacer – sonar – beber – despertarse – desayunar
   Todos los días _____ (yo) lo mismo: el despertador _____ a las 7. _____ y _____ diez minutos más tarde. _____ rápidamente y _____ pan y mermelada con cereales. _____ un café con leche y un zumo de naranja.

   b salir – lavarse – comer – hacer – volver – ponerse – ir
   Luego, _____ los dientes, _____ los zapatos y el abrigo y _____ de casa. _____ al colegio en autobús. A mediodía, _____ en el comedor con mis amigos. Después de clase, _____ a casa y _____ los deberes para el día siguiente.

   c ir – ser – querer – entrenar – preferir – tener – practicar
   El fin de semana _____ diferente. _____ muchos deportes, pero el deporte que _____ es el fútbol. Cada sábado _____ al estadio. _____ (nosotros) para el partido del domingo. También _____ aprender a jugar al tenis, pero no _____ mucho tiempo libre.

3. **¿Qué hace cada persona?**

   a
   a Sube las escaleras. ☐
   b Baja las escaleras. ☐

   b
   a Sube las escaleras. ☐
   b Baja las escaleras. ☐

   c
   a Se ríe. ☐
   b Se muere. ☐

   d
   a Escribe un libro. ☐
   b Lee un libro. ☐

TEST 6

4. Completa los bocadillos con las preguntas adecuadas.

5. Crucigrama. Completa con los verbos conjugados.

→ **Horizontal**

1. pedir (nosotros)
2. venir (yo)
3. decir (tú)
4. reconocer (yo)
5. escribir (usted)
6. ir (ellos)
7. vivir (él)
8. ir (vosotros)
9. salir (yo)
10. escribir (nosotras)
11. dormir (tú)
12. conducir (vosotros)

↓ **Vertical**

a dormir (ellos)
b decir (yo)
c pedir (ella)
d venir (tú)
e venir (yo)
f ir (tú)
g conocer (ustedes)
h conocer (vosotros)
i servir (ellos)
j oír (vosotros)
k pedir (nosotros)
l decir (ustedes)

75 setenta y cinco

31 Los adverbios de modo

▲ ¿Qué haces los fines de semana?
● Escalo con mi hermano. Mira, aquí tengo un video.
▲ A ver… Escalas muy **lentamente**, ¿no?
● ¡Claro! Cuando escalas lo tienes que hacer **lenta** y **progresivamente**.
▲ Y él, ¿quién es?
● Es el instructor. Mira cómo sube.
▲ ¡Es increíble! ¿También escalas montañas?
● Todavía no. Para eso es necesario entrenar aún más **seriamente**.

Los adverbios de modo

Los adverbios de modo permiten describir una acción.

¿Cómo? como bien mal mejor peor así	¿Cómo escribes? Habla como su hermano. Pedro escribe bien. Luisa canta mal. Andrés canta mejor [que Luisa]. Pepe canta peor [que ella]. Se escribe así.	deprisa = rápidamente despacio = lentamente apenas	Pablo camina deprisa. = Pablo camina rápidamente. Ana corre despacio. = Ana corre lentamente Cuando tengo un examen apenas duermo.

- **Formación de los adverbios terminados en –mente**

  Los adverbios terminados en –mente se forman a partir de la forma femenina del adjetivo, cuando existe:

masculino - femenino		advervio
claro	clara	claramente
cortés	cortés	cortésmente
hábil	hábil	hábilmente
prudente	prudente	prudentemente
educado	educada	educadamente
rápido	rápida	rápidamente
serio	seria	seriamente

  Cuando varios adverbios en –mente van seguidos, solo se pone esta terminación en el último adverbio. Los otros van en la forma femenina del adjetivo.
  Sube lenta y progresivamente.

¿Qué te parece? 31

Ejercicios

1. Di lo contrario.

a Pedro canta muy mal. _____
b Guadalupe corre deprisa. _____
c Ana habla mejor español que Luis. _____
d Pablo escala muy bien. _____
e Felipe canta peor que Andrés. _____

2. Relaciona.

a ¿Corres deprisa? •   • 1 Sí, muy bien.
b ¿Toca bien el piano? •   • 2 No, mejor.
c ¿Juega al tenis mejor que ella? •   • 3 Así.
d ¿Baila peor que Juana. •   • 4 No, lentamente.
e ¿Cómo se escribe su nombre? •   • 5 Sí, mejor.

3. Modifica la frase como en el ejemplo.

Es ruidoso y grosero cuando come. ➤ *Come ruidosa y groseramente.*

a Es lento y peligroso cuando conduce.
_____

b Es ágil y elegante cuando se mueve.
_____

c Es claro y rápido cuando escribe.
_____

d Es silencioso y paciente cuando trabaja.
_____

4. Completa la frase con un adverbio.

a Elisa es muy seria. Estudia muy _____
b Juan y Lola son muy educados. Hablan muy _____
c Mi amiga es hábil. Escala _____
d Ese hombre es cortés. Siempre nos saluda _____
e El profesor es muy claro. Explica las palabras _____

🎧 5. Contesta las preguntas.
Pista 31

a ¿Cómo conduce el padre de Juan? Conduce _____
b ¿Corren Ana y Luisa deprisa? _____
c ¿Come mucho Pedro? _____
d ¿Es muy serio tu hermano? _____
e ¿Camina muy rápidamente José? _____

32. Las partículas interrogativas

- ▲ ¿**Cuándo** vienes a casa?
- ● ¿**Para qué**?
- ▲ Pues para ver mi nuevo cuadro. Es para el festival de pintura de la semana próxima. Es mi primer retrato.
- ● ¿**Cuántos** cuadros pintas en un mes?
- ▲ Depende. Dos o tres.
- ● ¿**Cuánto** tardas en pintar uno?
- ▲ Dos o tres horas… o dos o tres semanas…

Repaso: formular preguntas y contestar

¿**Cuándo** te vas a Madrid?	Me voy a Madrid **mañana**.
¿**Cómo** vas al colegio?	Voy al colegio **en autobús**.
¿**Cómo** te llamas?	Me llamo **Antonia**.
¿**Cómo** estás?	Estoy **bien**, gracias.
¿**Dónde** vives?	Vivo **en** Colombia.
¿**De dónde** vienes?	Vengo **de** la piscina.
¿**Adónde** vas?	Voy **a** la biblioteca.
¿**Qué** es esto?	Esto es **un mapa de Ecuador**.
¿**Qué** eres?	Soy **estudiante**.
¿**Qué** te duele?	Me duele **la cabeza**.
¿**De qué** color es su abrigo?	Su abrigo es **azul**.
¿**De qué** trata el libro?	Trata **de** la Historia de América.
¿**En qué** piensas?	Pienso **en** mis vacaciones.
¿**Quién** es esa chica?	Esa chica es **mi hermana**.
¿**Quiénes** son esos chicos?	Esos chicos son **los amigos de Luis**.
¿**De quién** es este bolso?	Este bolso es **del profesor**.
¿**De quiénes** son esas bicis?	Esas bicis son **nuestras**.
¿**Con quién** vas al colegio?	Voy al colegio **con** mi madre.
¿**En quién** piensas?	Pienso **en** mis amigos.
¿**A quién** ayudas?	Ayudo **a** Anabel.
De estos dos bolsos, ¿**cuál** prefieres?	Prefiero **el bolso verde**.
De todos estos libros, ¿**cuáles** prefieres?	Prefiero **estos dos libros**.
¿**Cuánto** tiempo libre tienes?	Tengo **una hora** libre.
¿**Cuánta** agua quieres?	Quiero **un gran vaso** de agua.
¿**Cuántos** hermanos tienes?	Tengo **dos** hermanos.
¿**Cuántas** películas ves por semana?	Veo **tres** películas por semana.

¿**Para** quién es este regalo? — Este regalo es **para** Julia.
¿**Para** qué es esta medicina? — Esta medicina es **para** el estómago.
¿**Para** qué estudias? — Estudio **para** aprender.

¿Por qué...? – Porque... 32

Ejercicios

1. Relaciona cada pregunta con la respuesta correspondiente.

a ¿Cuándo vuelves de vacaciones?
b ¿Para quién es esta carta?
c ¿De dónde vienen?
d ¿A dónde vais?
e ¿Cómo te llamas?
f ¿De quién es este cuadro
g ¿En qué piensas?
h ¿Qué piensas hacer mañana?
i ¿Cómo está señora Díaz?
j ¿Cuántos sois en clase?
k ¿Con quién estás?

1 Para mi hermano.
2 De Barcelona.
3 Somos veinte.
4 El lunes próximo.
5 De Ana.
6 Bien gracias.
7 En mi viaje a Perú.
8 A Sevilla.
9 Con Natalia.
10 Pasear por el bosque.
11 Adolfo.

2. Formula la pregunta adecuada.

a ¿_____? –Pienso hacer **los deberes** después de clase.
b _____   –Vamos **a Toledo**.
c _____   –Esta bici es **mía**.
d _____   –La moto de Antonio es **roja**.
e _____   –Contesto **a Felipe**.
f _____   –Compro **dos** botellas de agua mineral.

3. ¿Cuánto, cuántos, cuánta o cuántas?

a ¿_____ leche bebes?
b ¿_____ dinero tienes?
c ¿_____ hermanos tiene?
d ¿_____ canciones conoces?

4. ¿(Para) Quién, quiénes, de quién(es), a quién(es) o en quién(es)?

a ¿_____ es la chica rubia?   –Es Anabel.
b ¿_____ son estos regalos?   –Son para Lola.
c ¿_____ es el paraguas rojo?   –Es de mi madre.
d ¿_____ piensa Ana?   –Piensa en Luis.
e ¿_____ son esas personas?   –Son los nuevos profesores.

5. Escucha las respuestas y formula la pregunta adecuada.

Pista 32

respuestas   preguntas

a _____   _____
b _____   _____
c _____   _____

33 — TAMBIÉN y TAMPOCO

- ▲ ¿Qué hora es? No tengo reloj.
- ● Yo tampoco. Creo que son las ocho. No me apetece nada ir a clase esta mañana. Estoy cansado.
- ▲ Yo también. Además, no me gusta la física.
- ● **A mí** tampoco. A mí lo que me gusta es la geografía y las matemáticas. ¿A ti no te gustan?
- ▲ Claro que sí, ¡**a mí también** me encantan!

La afirmación y negación compleja: también ≠ tampoco

AFIRMACIÓN	NEGACIÓN
– Tengo un bolígrafo rojo. ¿Y tú? – Yo **también** [tengo un bolígrafo rojo].	– No tengo mi libro de matemáticas. ¿Y tú? – Yo tampoco [tengo mi libro de matemáticas].
– [**A mí**] Me gusta el chocolate. ¿Y **a ti**? – **A mí también** [me gusta el chocolate].	– [**A mí**] No me duele la cabeza. ¿Y **a ti**? – **A mí** tampoco [me duele la cabeza].

Estructura de la frase con los verbos gustar, doler, interesar, etc.

AFIRMACIÓN				
[A mí] [A ti] [A él/ella] [A usted]	Me Te Le Le	gusta el cine. gustan las flores. duele la cabeza.	¿Y a ti? ¿Y a él/ella? ¿Y a usted?	A mí **también**. A él/ella **también**. A mí **también**.
[A nosotros] [A vosotros] [A ellos/ellas] [A ustedes]	Nos Os Les Les	duelen los pies. gusta el cine. gustan las flores.	¿Y a vosotros? ¿Y a ellos? ¿Y a ustedes?	A nosotros **también**. A ellos **también**. A nosotros **también**.

NEGACIÓN				
[A mí] [A ti] [A él/ella] [A usted]	No me No te No le No le	gusta el cine. gustan las flores. duele la cabeza.	¿Y a ti? ¿Y a él/ella? ¿Y a usted?	A mí tampoco. A él/ella tampoco. A mí tampoco.
[A nosotros] [A vosotros] [A ellos/ellas] [A ustedes]	No nos No os No les No les	duelen los pies. interesa la geografía. interesan los cuentos.	¿Y a vosotros? ¿Y a ellos? ¿Y a ustedes?	A nosotros tampoco. A ellos tampoco. A nosotros tampoco.

¿No quieres ir? ¡Yo tampoco! — 33

Ejercicios

1. Contesta afirmativamente.

a Tenemos tiempo. ¿Y tú? _____
b Me gusta el español. ¿Y a ti? _____
c A José le gustan los perros. ¿Y a usted? _____
d Tengo una consola. ¿Y vosotros? _____
e A Ana le gusta la física. ¿Y a ellos? _____

2. Contesta negativamente.

a No tengo mi libro. ¿Y tú? _____
b No me gusta el deporte. ¿Y a ti? _____
c José no quiere ir al teatro. ¿Y vosotros? _____
d A Juan no le interesa el fútbol. ¿Y a Lola? _____
e ¿A nosotros no nos gusta el cine. ¿Y a él? _____

3. Completa las preguntas.

a Me gusta el chocolate.   ¿Y _____? –A mí también me gusta.
b Lola tiene un hermano.   ¿Y _____? –Yo también.
c Nos interesa esta película. ¿Y _____? –A nosotros también.
d Me duelen los pies.   ¿Y _____? –A Elisa también.
e Luis habla inglés.   ¿Y _____? –Nosotros también.

4. Relaciona.

a José tiene un perro negro.   •
b A mí no me gusta bailar.   •   • 1 A mí tampoco.
c No sé hablar chino.   •   • 2 Yo tampoco.
d No me interesa mucho la fotografía.   •   • 3 Yo también.
e No quieren ir a la exposición.   •

5. Contesta. (Pista 33)

a ¿Le gusta a Lola ir al cine? _____
  ¿Y a Luis? _____

b ¿Tienen ellos suerte? _____
  ¿Y Ana? _____

c ¿Tiene Juan un hermano? _____
  ¿Y Luisa? _____

81 ochenta y uno

34 PONER(SE) y QUITAR(SE)

▲ ¿Qué temperatura hace fuera?
● No sé, pero hace bastante frío.
▲ Bueno, pues **me** pongo la bufanda y el gorro.
● Y además hay nieve en la calle.
▲ Entonces, **me** quito los zapatos y **me** pongo las botas.
● ¿No crees que tienes que poner**te** un jersey más grueso?
▲ Bueno, ¡tampoco estamos en el polo norte!

Los verbos PONER(SE) y QUITAR(SE)

▸ PONER y QUITAR

Poner un objeto en un lugar.
Quitar un objeto de un lugar.

Pongo los guantes **en** la mesa.	≠	Quito los guantes **de** la mesa.
Juan pone la bufanda **en** el sofá.	≠	Juan quita la bufanda **de** la mesa.

▸ PONERSE y QUITARSE

Ponerse a sí mismo una prenda.
Quitarse a sí mismo una prenda.

Me pongo   el gorro
Te pones   el abrigo
Se pone   el vestido rosa

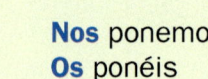

Nos ponemos   una camisa azul
Os ponéis   una falda
Se ponen   unos pantalones

Me quito   el sombrero
Te quitas   la bufanda
Se quita   los guantes

Nos quitamos   los zapatos
Os quitáis   las sandalias
Se quitan   las botas

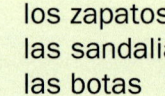 

¿Qué te pones hoy? 34

Ejercicios

1. Lee el diálogo de la página anterior y contesta las preguntas.

a ¿Hace frío o calor? _____
b ¿Se pone Luis la bufanda? _____
c ¿Por qué se quita los zapatos? _____
d ¿Se pone sandalias o botas? _____
e ¿Se quita Luis el gorro? _____

2. Di lo contrario con el verbo *quitar(se)*.

a Me pongo el vestido. _____
b Os ponéis el abrigo. _____
c Usted pone el vaso en la mesa. _____
d Nos ponemos los guantes. _____
e Ustedes se ponen las sandalias. _____

3. Contesta negativamente con el verbo *poner(se)* sin repetir el complemento.

a ¿Te quitas la bufanda? _____
b ¿Os quitáis los zapatos? _____
c ¿Se quita usted las gafas de sol? _____
d ¿Quitas tus libros de la mesa? _____
e ¿Se quitan el gorro ? _____

4. Di lo contrario.

a Cuando Ana sale de casa se pone los zapatos y el abrigo.
Cuando llega a casa _____

b Cuando me levanto me quito el pijama y me pongo unos pantalones y una camiseta.
Cuando me acuesto _____

c Cuando entráis en un restaurante, os quitáis el abrigo y la bufanda.
Cuando salís _____

5. ¿Verdadero o falso? Escucha y marca.

Pista 34

a Juan se pone el abrigo y se quita la bufanda.
b Julia se quita los zapatos y se pone un vestido rojo.
c Ellos se ponen los guantes y la bufanda pero se quitan el gorro.
d Ana se pone las gafas de sol antes de salir de casa.

83 ochenta y tres

35 Expresión de cantidad (2)

▲ A ver, ¿cuántas botellas de zumo compramos para la fiesta?
● Yo creo que unas diez son **suficientes**, porque también tenemos refrescos. ¿Por qué comprar **tantos** paquetes de galletas? Ya tenemos tres pasteles y una tarta.
▲ ¿Sabes si queda **algo de** queso y de jamón?
● No, no queda **nada de** queso ni de jamón.
▲ Bueno, pues entonces, **un poco de** queso y algunas lonchas de jamón.
● ¡Ah!, y también golosinas, pero no **demasiadas**, ¿vale? No sé si tenemos **suficiente** dinero para comprar todo.

La cantidad 2: demasiado, bastante, suficiente, nada de, algo de, tanto

demasiado	general	Ana come demasiado.
	masc. sing.	Julia come demasiado chocolate.
	fem. sing.	Luis compra demasiada carne.
	masc. pl.	Antonia compra demasiados dulces.
	fem. pl.	Andrés compra demasiadas golosinas.
bastante = suficiente	sing.	Hay bastante agua. = Hay suficiente agua.
	pl.	Hay bastantes refrescos. = Hay suficientes refrescos. Hay bastantes bebidas. = Hay suficientes bebidas.
nada de = "cero"		No tengo nada de dinero. No queda nada de pan.
algo de = un poco de		Queda algo de queso = Queda un poco de queso. Queda algo de tarta = Queda un poco de tarta.
tanto	general	¿Comes mucho? –No tanto.
	masc. sing.	Ana come tanto chocolate.
	fem. sing.	Luis come tantas golosinas.
	masc. pl.	Compra tantos libros.
	fem. pl.	Juan dice tantas tonterías.

¿Tienes suficiente dinero? 35

Ejercicios

1. Lee el diálogo y contesta las preguntas.

a ¿Para qué compran zumo? _____
b ¿Cuántas botellas necesitan? _____
c ¿Queda algo de queso? _____
d ¿Compran mucho queso? _____
e ¿Sabe Elena si tiene suficiente dinero? _____

2. Completa con demasiado(s) o demasiada(s).

a Elena cree que hay _____ golosinas.
b Pedro y Ana comen _____ grasa.
c Siempre compro _____ chocolate.
d ¿Tú crees que es suficiente? –¡Es _____!
e Hay _____ coches en la carretera.

3. Di lo contrario.

a Tengo demasiado dinero. _____
b No queda nada de zumo. _____
c Compran un poco de queso. _____
d Ana come algo de carne. _____

4. Relaciona.

a Ana come… • • 1 ruido.
b Hay demasiado… • • 2 películas.
c Hay demasiada… • • 3 demasiado
d Luisa no lee… • • 4 tanta mermelada
e Pablo no come… • • 5 tantas novelas policiacas.
f Luisa ve demasiadas… • • 6 gente.

5. Escucha y marca la opción correcta.

Pista 35

a Elisa compra demasiadas cosas porque tiene dinero suficiente. ☐
Elisa compra muchas cosas, pero no tiene dinero suficiente. ☐

b Juan come demasiado chocolate, pero no engorda. ☐
Juan come tanto chocolate que engorda. ☐

c Queda demasiado zumo, pero nada de chorizo. ☐
Quedan suficientes zumos, pero nada de chorizo. ☐

d No hay bebidas suficientes, pero hay demasiado queso. ☐
Hay suficientes bebidas, pero nada de queso. ☐

TEST 7

1. **Ordena los mensajes de texto SMS.**

a ¿Qué pasa? ¿Dónde estás?

e Hola Juan. Necesito tu ayuda.

b Es para la fiesta de esta noche.

f Entonces, ¿por qué compras tantas cosas?

c ¡Gracias, Juan! ¡Hasta ahora!

g Vale. Me pongo los zapatos y voy para allá ahora mismo.

d En el supermercado. No tengo dinero suficiente.

h ¡Hasta ahora!

2. **Relaciona los contrarios.**

a bien
b deprisa
c algo de
d también
e poner
f mucho
g mejor

≠

1 lentamente
2 tampoco
3 poco
4 quitar
5 mal
6 peor
7 nada de

3. **Da una forma equivalente.**

a lentamente
b rápidamente
c algo de
d bastante

=

1 suficiente
2 deprisa
3 un poco de
4 despacio

86 ochenta y seis

TEST 7

4. Ordena las frases y da el adverbio en –mente correspondiente.

a es – Juan – muy – cortés
_____
Juan habla _____

b muy – escala – hábil – es – Natalia – cuando
_____
Natalia escala _____

c señor – conduce – prudente – cuando – es – el – Gómez
_____
El señor Gómez conduce _____

d rápido – corre – cuando – José – muy – es
_____
José corre _____

5. Pon las sílabas en orden y encuentra las palabras en la sopa de letras.

a LO   MA
b BIEN   TAM
c PRI   DE   SA
d TA   LEN   TE   MEN

e CO   TAM   PO
f TE   TAN   BAS
g MA   SIA   DO   DE
h FI   TE   CIEN   SU

```
              H V
              A Y L K
              S D E D
              B M A L O K
              Z J U Y Z X
        D W K H D C R I T K S U F I C I E N T E
        C E X L E L E N T A M E N T E X P T V B
        A M C M R N C J B I B R K K P N V G
        E A A Y B I B E L I I H R U Z H
          X S N A H T M Q D D E W U F
          I I S N T A M B I E N P
          T A K A O E A H T M L P D N
          S D S A D X H M Y K V F R S
        W H A T N A O O C P C G Z Z I C
        D B G L T Z X       Z O N E H O S
        M U R H Z E G         L C P O H N A
        T D X T R             O U N J Q
        T U C Y               V R U Q
        U L                       H H
```

87   ochenta y siete

36 Construcción del verbo IR + a + infinitivo

▲ ¿Qué **vas** a **hacer** este fin de semana?
● **Voy** a **ir** de compras con mi madre. Primero **vamos** a **ir** al mercado, y luego **vamos** a **comer** a casa de mis tíos. Y vosotros, ¿qué **vais** a **hacer**?
▲ **Vamos** a **trabajar** en el jardín.
● ¿Qué **vais** a **plantar**?
▲ Mi padre **va** a **comprar** unos arbustos y muchas flores y nosotros **los vamos** a **plantar**.
● Los arbustos, ¿dónde **los vais** a **poner**?
▲ **Vamos** a **ponerlos** delante de la casa. Y las flores **vamos** a **plantarlas** allí.
● ¿También **vais** a **recoger** las cerezas maduras?
▲ Sí ¡**las vamos** a **comer** todas!

El futuro próximo

el verbo IR + A + infinitivo

(yo)	voy		ir al cine.
(tú)	vas		Invitar a unos amigos.
(él, ella, usted)	va	A	bailar a una discoteca.
(nosotros, nosotras)	vamos		mandar un correo electrónico.
(vosotros, vosotras)	vais		escalar la montaña.
(ellos, ellas, ustedes)	van		nadar en el mar.

 **Recuerda cómo se formula una frase:**

¿Qué vas a pedir?   Voy a pedir una pizza.
¿Dónde vais a dormir?   Vamos a dormir en casa de Juan.
¿A dónde van a ir de vacaciones?   Van a ir al campo.
¿Con quién vas a comer?   Voy a comer con José.

Voy a comprar **un helado**.   Ana va a aprender **la canción**.
➤ **Lo** voy a comprar.   ➤ **La** va a aprender.
= Voy a compra**lo**.   = Va a aprender**la**.

Vas a leer **tus correos electrónicos**.   Van a plantar **las flores**.
➤ **Los** vas a leer.   ➤ **Las** van a plantar.
= **V**as a leer**los**.   = Van a plantar**las**.

¿Qué vas hacer? 36

Ejercicios

1. **Contesta las preguntas.**

   a ¿Qué vas a hacer hoy? (plantar unas flores) _____
   b ¿Qué va a comprar Ana? (unos arbustos) _____
   c ¿Adónde vais a veranear? (mar) _____
   d (ustedes) ¿Qué van a recoger ustedes? (las cerezas) _____
   e ¿Con quién van a cenar? (su tío) _____

2. **Contesta como en el ejemplo.**

   ¿Dónde vais a poner los arbustos?   **Los** vamos a poner delante de la casa.
   Vamos a poner**los** delante de la casa.

   a ¿Vais a recoger las cerezas?   Sí, _____
   Sí, _____

   b ¿Van a cortar los árboles?   No, _____
   No, _____

   c ¿Vas a mandar el correo electrónico?   Sí, _____
   Sí, _____

   d ¿Va usted a comer la manzana?   No, _____
   No, _____

   e ¿Va Ana a plantar esta planta?   Sí, _____
   Sí, _____

3. **Selecciona la respuesta y completa la frase.**

   a ¿Dónde _____ a veranear?   1 Vamos a la piscina con Juan.
   b ¿Con quién _____ a ir a la piscina? 2 Van a plantar unas flores.
   c ¿Por qué _____ a recoger las cerezas? 3 Voy a comprarlo para Luis.
   d ¿Qué _____ a plantar?   4 Voy a veranear a la costa.
   e ¿Para quién _____ a comprar un regalo? 5 Vamos a recogerlas porque están maduras.

5. **Escucha y contesta las preguntas.** (Pista 36)

   a ¿Qué va a hacer José esta tarde? _____
   b ¿Qué va a comprar Anabel? _____
   c ¿A cuántos amigos van a invitar? _____
   d ¿Va Felipe a comer las cerezas? _____
   e ¿Adónde van a ir Juan y Lola? _____

37 Las preposiciones de lugar

- ▲ ¿Adónde vas a ir de vacaciones?
- ● Voy a ir a casa de mis abuelos.
- ▲ ¿Viven muy **lejos** de aquí?
- ● Un poco. Viven **cerca de** Sevilla, en una casa muy bonita. **Detrás de** la casa hay un bosque y **delante** hay un camino. Por **la derecha** vas al mar y por **la izquierda**, al pueblo.
- ▲ ¿No hace demasiado calor en verano?
- ● Sí, pero cuando hace demasiado calor, nos quedamos **dentro de** casa. En cambio, por la mañana y por la noche siempre comemos **fuera**.

Situar en el espacio

detrás (de) **a la derecha (de)** **sobre = en** **dentro (de) = en** **lejos (de)**	≠	**delante (de)** **a la izquierda (de)** **debajo (de)** **fuera (de)** **cerca (de)**

El piso de Juan está **en** Madrid.
La ventana está **detrás del** sofá.
≠ La mesa está **delante del** sofá.
La planta está **a la derecha de** la mesa.
≠ La cómoda está **a la izquierda de** la mesa.
La taza de café está **en** la mesa.
= la taza de café está **sobre** la mesa.
≠ La alfombra está **debajo de** la mesa.
Los árboles están **fuera de** la casa.
≠ Los muebles están **dentro de** la casa.
= Los muebles están **en** la casa.

   ≠

Juan está **lejos de** casa.   Juan está **cerca de** casa.

¿Está lejos el pueblo de tus tíos?   37

Ejercicios

1. Lee el diálogo de la página anterior y contesta las preguntas.

a ¿Adónde va Ana de vacaciones? _____
b ¿Viven sus abuelos lejos de Sevilla? _____
c ¿Dónde está el bosque? _____
d ¿Adónde lleva el camino de la derecha? _____
e ¿Y a la izquierda? _____
f ¿Dónde cena la familia? _____
g ¿Qué hacen cuando hace demasiado calor? _____

2. Relaciona los contrarios.

a dentro • • 1 a la izquierda
b sobre • • 2 fuera
c lejos • • 3 lejos
d a la derecha • • 4 cerca
e fuera • • 5 a la derecha
f cerca • • 6 sobre
g debajo • • 7 dentro
h a la izquierda • • 8 debajo

3. Escribe una frase con el mismo significado.

a El documento está dentro del cajón.
_____

b La almohada y la manta están en la cama.
_____

4. Contesta negativamente y di lo contrario.

a ¿Está el gato sobre la mesa? No, _____
b ¿Está lejos la estación? No, _____
c ¿Está el jardín delante de la casa? No, _____
d ¿Está la planta a la derecha del sillón? No, _____
e ¿Está el perro dentro de casa? No, _____

5. Escucha y marca la opción correcta.

Pista 37

a Ana está delante de la casa. ☐   c El árbol está a la derecha de la casa. ☐
   Ana está detrás de la casa. ☐   El árbol está fuera de la casa. ☐

b El libro está dentro del armario. ☐ d El gato está detrás del sillón. ☐
   El libro está debajo del armario. ☐   El gato está dentro del sillón. ☐

38. ESTAR; gerundio de los verbos terminados en –AR –ER –IR

- ▲ ¡Hola Luisa, ¿Qué estás **haciendo**?
- ● Estoy **escribiendo** a Andrés porque estamos **eligiendo** lotes para un sorteo.
- ▲ ¿Quién **lo** está **organizando**?
- ● **Lo** está **organizando** el colegio para pagar nuestro viaje a Barcelona. También estamos **preparando** pasteles para sacar dinero.

El gerundio

El gerundio se usa detrás del verbo *estar* para expresar simultaneidad.

➤ Verbos regulares

(yo)	**estoy**		
(tú)	**estás**	cant**ando**	Verbos en –AR
(él, ella, usted)	**está**	com**iendo**	Verbos en –ER
(nosotros, nosotras)	**estamos**	viv**iendo**	Verbos en –IR
(vosotros, vosotras)	**estáis**		
(ellos, ellas, ustedes)	**están**		

➤ Verbos irregulares

(yo)	**estoy**	d**i**ciendo	(decir)
(tú)	**estás**	div**i**rtiendo	(divertir)
(él, ella, usted)	**está**	p**i**diendo	(pedir)
		pref**i**riendo	(preferir)
(nosotros, nosotras)	**estamos**	v**i**stiendo	(vestir)
(vosotros, vosotras)	**estáis**	s**i**rviendo	(servir)
(ellos, ellas, ustedes)	**están**	d**u**rmiendo	(dormir)
		m**u**riendo	(morir)

 Cuando el radical de los verbos en **–ER** y en **–IR** acaba en vocal, el gerundio se forma en **–yendo**:
- caer ➤ ca**yendo**   oír ➤ o**yendo**
- leer ➤ le**yendo**   huir ➤ hu**yendo**

➤ Gerundio y complemento directo

 Los verbos nunca se separan:

Estoy leyendo **el libro**.
  Lo estoy leyendo.
  = Estoy leyéndo**lo**.
Ana está plantando **los arbustos**.
  Los está plantando.
  = Está plantándo**los**.

Juan está comprando **la novela**.
  La está comprando.
  = Está comprándo**la**.
José está comiendo **las galletas**.
  Las está comiendo.
  = Está comiéndo**las**.

¿Con quién estás hablando? 38

Ejercicios

1. Contesta las preguntas.

a ¿Qué estás preparando?   _____ la comida.
b ¿Qué están comiendo?   _____ paella.
c ¿A quién estáis escribiendo?   _____ nuestros padres.
d ¿Qué están leyendo ustedes?   _____ una novela policiaca.
e ¿Qué están ellos escribiendo?   _____ un correo electrónico.

2. Conjuga los verbos en presente,...   y luego en gerundio.

a Oír música (tú)
_____
                                        1 Estás _____

b Vestirse (yo)
_____
                                        2 _____

c Pedir dinero a su madre (Ana)
_____
                                        3 _____

d Servir la comida (Luis)
_____
                                        4 _____

e Dormir la siesta (ellos)
_____
                                        5 _____

3. Escribe dos frases sustituyendo el complemento directo por un pronombre como en el ejemplo.

a Estoy viendo la película.
➤ *La estoy viendo.*
➤ *Estoy viéndola.*

b Felipe está comprando el periódico.
➤ _____
➤ _____

c Estamos encendiendo los ordenadores.
➤ _____
➤ _____

d Estáis plantando las flores.
➤ _____
➤ _____

5. Escucha y contesta sin repetir el complemento directo. (Pista 38)

a Sí, _____
b No, _____
c Sí, _____
c No, _____

39 Los pronombres indefinidos

- ▲ ¿Hay **alguien** en casa?
- ● No sé. **Nadie** contesta. Vamos a ver. No hay **nadie** ni en el salón ni en la cocina.
- ▲ ¿Y en las habitaciones? Me parece que oigo **algo**.
- ● Ah sí, hay **alguien**: es mi hermano que está en su habitación oyendo música. ¡Qué sed tengo! ¿Quieres beber **algo**?
- ▲ No, gracias, no quiero beber **nada**.

Pronombres y adjetivos indefinidos 1: alguien / nadie, algo / nada

> **Para personas**

¿Hay alguien en la cocina?

 ≠

Sí, hay **alguien** en la cocina.   No, no hay **nadie** en la cocina.

- ● ¿Viene alguien?
- ▲ No, **no** viene **nadie**.
  = No, **nadie** viene.
- ● ¿Ves a alguien?
- ▲ Sí, veo a alguien.
- ● ¿Oyes a alguien?
- ▲ No, no oigo a nadie.

> **Para cosas**

¿Hay algo en la mesa?

 ≠

No, no hay **nada** en la mesa   Sí, hay **algo** en la mesa.

¿Hay alguien en casa? 39

Ejercicios

1. Lee el diálogo y contesta las preguntas.

a ¿Saben Juan y José si hay alguien en casa?
b ¿Contesta alguien cuando llaman?
c ¿Hay alguien en la cocina?
d ¿Oye Juan a alguien?
e ¿Quiere José beber algo?

2. Relaciona los contrarios.

a Hay algo.
b No hay nadie.
c No veo nada.
d No veo a nadie.
e No hay nada.

1 Veo a alguien.
2 Hay alguien.
3 Veo algo.
4 Hay algo.
5 No hay nada.

3. Contesta negativamente.

a ¿Hay alguien en casa?
b ¿Hay algo en la nevera?
c ¿Oye Ana a alguien?
d ¿Compras algo en el mercado?
e ¿No hay nadie en la habitación?

4. Ordena las palabras para hacer frases.

a la – cocina – nadie – hay – no – en
_____

b el – hay – en – no – nada – armario
_____

5. ¿Verdadero o falso? Escucha y marca.

Pista 39

a Juan no hace nada especial este fin de semana.
b Nadie viene a la fiesta de esta noche.
c Juan está bebiendo algo.
d Nadie está hablando con Juan y José.

40 Pronombres y adjetivos indefinidos

▲ ¿Qué te pasa? ¿Tienes **algún** problema?
● No, no tengo **ningún** problema. Pero tengo prisa. Necesito comprar **algunas** cosas y no encuentro la lista. Voy a ir al mercado y después al supermercado. Quiero comprar **algunos** plátanos, **algunas** zanahorias y **alguna** cosa más. Oye, ¿conoces **alguna** carnicería buena?
▲ No, no conozco **ninguna**. No me gusta mucho la carne.

Pronombres y adjetivos indefinidos:
ningún / ninguno / ninguna, algún / alguno / alguna

• ¿Hay **algún** paquete para mí?

Sí, hay **algún** paquete para ti.　　　No, no hay **ningún** paquete para ti.
Sí, hay **algun**o.　　　　　　　　　　No, no hay **ningun**o.

⚠ En masculino, la "o" desaparece delante de un sustantivo singular.

• ¿Tienes **algún** libro interesante?　　• ¿Tienes **algunos** libros de mangas?

Sí, tengo **algún** libro interesante.　　Sí, tengo **algunos** libros de mangas.
Sí, tengo **algun**o.　　　　　　　　　Sí, tengo **algun**os.

• ¿Hay **alguna** carta para José?

Sí, hay **algun**a carta para él.　Sí, hay **algun**as.　No, no hay **ningun**a carta para él.
　　　　　　　　　　　　　　　　　　　　　　　　　No, no hay **ningun**a.

Situarse en el tiempo

<----------- X ----------------- X ------------- X ------------- X ------------- X ----------->
　　　antes de ayer　　　ayer　　　　　　　HOY　　　　　mañana　　　pasado mañana
　　　　　antes　　　　　　　　　　　　　AHORA　　　　　　　después = luego

¿Tienes algún problema? 40

Ejercicios

1. **Lee el diálogo y contesta las preguntas.**

   a ¿Tiene Ana algún problema? _____
   b ¿Adónde quiere ir antes de ir al supermercado? _____
   c ¿Qué verdura va a comprar? _____
   d ¿Conoce María alguna carnicería buena? _____
   e ¿Por qué? _____

2. **Contesta negativamente.**

   a ¿Vas a comprar algún teléfono?   No, _____ teléfono.
   b ¿Va Luis a llamar a algún amigo?   No, _____ amigo.
   c ¿Va a plantar algunas flores?   No, _____ flor.
   d ¿Vais a hacer algunos cambios?   No, _____ cambio.
   e ¿Me prestas alguna camiseta?   No, _____ camiseta.

3. **Modifica la frase como en el ejemplo.**

   Ana no come ninguna zanahoria.   ➤ *No come ninguna.*

   a Tengo alguna idea. _____
   b No tiene ninguna idea buena. _____
   c Luis come algún caramelo. _____
   d No me gusta ninguna fruta. _____
   e José compra algunos libros. _____
   f No lee ningún libro. _____
   g Compra algunos tomates. _____

4. **Relaciona cada pregunta con la respuesta correspondiente.**

   a ¿Tienes alguna duda?   • • 1 No, después.
   b ¿Llegas a clase antes de las 8?   • • 2 No, ninguno.
   c ¿Viene tu primo mañana?   • • 3 No, pasado mañana.
   d ¿Tenéis chicles?   • • 4 Después.
   e ¿Vas al mercado antes o después? • • 5 No, ninguna.

5. **Contesta.**

   Pista 40

   a ¿Tiene Julia algún perro negro? _____
   b ¿Tienen ellos alguna duda? _____
   c ¿Hay alguna carta para José? _____
   d ¿Tiene Luis algún problema? _____

TEST 8

1. Ordena las palabras para hacer frases.

ir – a – la – montaña – voy – a
_____

ir – playa – a – vamos – a – la – mañana
_____

campo – al – con – ir – ellos – van – Juan – a
_____

este – vamos – fin de semana – a – excursión – hacer – una
_____

practicar – José – windsurf – en – a – mar – el – va
_____

2. Formula la pregunta adecuada.

¿_____?

¿_____?

¿_____?

¿_____?

¿_____?

3. Di lo contrario y relaciona con la imagen correspondiente.

a El gato está debajo del sillón.
_____ •

b El gato está a la derecha del sillón.
_____ •

c El gato está detrás del sillón.
_____ •

c El gato está fuera.
_____ •

• A

• B

• C

• D

TEST 8

4. **¿Qué están haciendo?**

Ellos _____ _____

José _____ _____

Felipe _____ _____

El pájaro _____ _____

Ana _____ _____

Luis _____ _____

5. **¿Antes o después?**

a Ana llega al colegio a las 8 y Luis a las 9.
¿Quién llega antes?
_____

b Luis empieza las clases a las 9 y acaba a las 5. A las 6 va al fútbol.
¿Cuándo va a jugar fútbol? ¿Antes o después de clase?
_____

6. **Conjuga los verbos en gerundio.**

→ **Horizontalmente**
1. proponer
2. escribir
3. subir
4. divertir
5. cantar
6. bajar
7. conducir
8. pedir
9. vestir

↓ **Verticalmente**
a construir
b beber
c dormir
d pasear
e estudiar
f ver

99 noventa y nueve

41. La exclamación

▲ ¡**Qué** pantalones **tan** bonitos llevas hoy!
● Gracias. Sí, me gusta mucho el color. Me encantan. Y además, ¡son **tan** cómodos!
▲ ¡**Cuánta** ropa nueva tienes! ¡**Qué** suerte!
● Es de mi hermana mayor. La mía me queda demasiado pequeña. Mira **cuántos** tops tengo.
▲ ¡Uy, **Cómo** me gusta ese azul! ¿Me lo prestas?
● Claro, sin problema.

La exclamación

¡**Cuánt**o…!	¡**Cuánt**o comes!
¡**Cuánt**os…!	¡**Cuánt**os libros tienes!
¡**Cuánt**a…!	¡**Cuánt**a agua bebes!
¡**Cuánt**as…!	¡**Cuánt**as manzanas hay!
¡**Cómo**…!	¡**Cómo** crece esta planta!

	+ adjetivo	¡**Qué** bonito!
¡**Qué**…!	+ adverbio	¡**Qué** bien baila Isabel!
	+ sustantivo + TAN + adjetivo	¡**Qué** naranja **tan** buena!

¡Qué contentos están!   ¡Qué bien canta este cantante!   ¡Qué rosas tan bonitas!

 ¡Qué rosas tan bonitas! = ¡Qué bonitas son estas rosas!

¡Qué vaqueros tan bonitos! 41

Ejercicios

1. Forma la exclamación con cómo.

a Pedro come mucho. ¡Cómo _____
b Ana estudia el día entero. _____
c Este bebé crece un centímetro al mes. _____

2. Forma la exclamación con *cuánto(s)* o *cuánta(s)*.

a Usted bebe mucho café. _____
b Anabel conoce muchas canciones. _____
c Vosotros tenéis muchos amigos. _____
d Mi hermano bebe mucha leche. _____
e Ellos ven muchas películas. _____

3. Da dos exclamaciones correspondientes.

a Este sillón es muy cómodo. _____

b Esta música es muy buena. _____

c Tus zapatos están muy sucios. _____

d Estos gatos son muy cariñosos. _____

e Este zumo está muy rico. _____

4. Ordena la frase.

a ¡bonitos – sombreros – tan – qué!
_____

b ¡muebles – hay – esta – cuántos – en – casa!
_____

c tan – libro – interesante – qué – leyendo – estoy!
_____

5. ¿Verdadero o falso? Escucha y marca. (Pista 41)

    V F

a Ana come mucha fruta. ☐ ☐
b Juan trabaja muy bien. ☐ ☐
c La casa de Luis es muy grande. ☐ ☐

101 ciento uno

42 Expresión de la obligación personal e impersonal

▲ Hola Julia, ¿qué estás haciendo?
● Estoy estudiando para el examen de la semana próxima.
▲ ¿Te apetece ir al cine esta tarde?
● No puedo, de verdad, tengo que estudiar más si quiero aprobar.
▲ Claro, para aprobar un examen hay que estudiar. Pero yo creo que también debes salir a dar una vuelta, divertirte y hacer algo de deporte.

Expresar una obligación

> **La obligación impersonal** (general):

hay que + infinitivo (verbo haber) = **es necesario + infinitivo**	Para aprobar el examen **hay que** estudiar. = Para aprobar el examen **es necesario** estudiar. Para vivir **hay que** beber y comer. = Para vivir **es necesario** beber y comer. Para ganar dinero **hay que** trabajar. = Para ganar dinero **es necesario** trabajar.!

 *Es necesario* va seguido por el infinitivo.

> **La obligación personal:**

• La obligación **moral o con** valor de **consejo**

deber + infinitivo	**Debes** ser más paciente con tu hermanito. **Debéis** ver menos TV.

• La obligación **fuerte**

tener que + infinitivo	Para aprobar el examen **tienes que** estudiar. Para vivir **tienes que** beber y comer.

> **Intensidad de la obligación:**

```
------ neutro ------------------------------- ++ -------------------------→ +++
hay que + infinitivo              deber + infinitivo           tener que + infinitivo
es necesario + infinitivo
```

Tienes que estudiar más   42

Ejercicios

1. Expresa la obligación impersonal con el verbo *haber*.

   a aprender un idioma ➤ estudiar la gramática
   Para _____

   b estar en forma ➤ hacer deporte
   Para _____

   c preparar un pastel ➤ seguir la receta
   Para _____

2. Da una forma equivalente a cada una de las tres frases del ejercicio 1.

   a _____
   b _____
   c _____

3. ¿Obligación moral o fuerte?

	moral ++	fuerte +++
a Ana tiene que lavarse los dientes.	☐	☐
b Pedro debe ir a cortarse el pelo.	☐	☐
c Si llueve tengo que llevar el paraguas.	☐	☐
d Cuando corres tienes que beber mucha agua.	☐	☐
e Debes dormir más.	☐	☐

4. Contesta las preguntas afirmativamente.

   a ¿Crees que tengo que estudiar más? _____
   b ¿Dice Lola que debe practicar algún deporte? _____
   c ¿Piensa usted que debo descansar? _____
   d ¿Crees que tenemos que ir a clase? _____
   e ¿Piensas que hay que conocer todo el vocabulario? _____

5. Dictado.

Pista 42

   a Ana dice que _____ a su madre por teléfono.
   b Juan y Lola piensan que _____ mucho deporte.
   c Yo pienso que _____ a la policía.
   d ¿Crees que _____ a una ambulancia?
   e Mi padre dice que _____ menos dulces.

43 Verbos terminados en –AR –ER –IR: pretérito imperfecto

- ▲ ¿Quién es ese chico de la foto?
- ● Es Felipe, un amigo de infancia. Cuando **éramos** niños siempre **jugábamos** juntos. Nos **veíamos** todos los días.
- ▲ ¿**Vivíais** en el mismo barrio?
- ● Sí, **vivíamos** del otro lado de la ciudad, cerca del bosque. Después del colegio **volvíamos** en bici y, como mis padres trabajaban, **íbamos** a merendar a su casa. Su madre siempre nos **preparaba** la merienda.

El pretérito imperfecto

➤ Verbos regulares

	verbos en –AR	verbos en –ER	verbos en –IR
(yo)	cant**aba**	com**ía**	viv**ía**
(tú)	cant**abas**	com**ías**	viv**ías**
(él, ella, usted)	cant**aba**	com**ía**	viv**ía**
(nosotros, nosotras)	cant**ábamos**	com**íamos**	viv**íamos**
(vosotros, vosotras)	cant**abais**	com**íais**	viv**íais**
(ellos, ellas, ustedes)	cant**aban**	com**ían**	viv**ían**

➤ Verbos irregulares

	verbos en –AR	verbos en –ER	verbos en –IR
(yo)	veía	era	iba
(tú)	veías	eras	ibas
(él, ella, usted)	veía	era	iba
(nosotros, nosotras)	veíamos	éramos	íbamos
(vosotros, vosotras)	veíais	erais	ibais
(ellos, ellas, ustedes)	veían	eran	iban

➤ Uso del pretérito imperfecto

El pretérito imperfecto se usa para:

- Describir situaciones en el pasado.
  Cuando yo era niño...

- Hablar de acciones habituales en el pasado.
  Iba a la escuela todos los días.

- Hacer una descripción en el pasado.
  La escuela era muy grande.

Cuando éramos niños   43

Ejercicios

1. Lee el diálogo y contesta las preguntas.

- a ¿Con quién jugaba Lola cuando era niña? _____
- b ¿Se veían a diario Lola y Felipe? _____
- c ¿Vivían en el mismo barrio? _____
- d ¿Cómo volvían del colegio? _____
- e ¿Adónde iban a merendar? _____
- f ¿Qué preparaba la madre de Felipe? _____

2. Conjuga los verbos.

Cuando yo _____ (1. ser) niño _____ (2. vivir) con mis padres en un pueblo de Andalucía. Todos los domingos mis padres nos _____ (3. llevar) al mar. _____ (4. ir, nosotros) en autobús porque no _____ (5. tener, nosotros) coche. El trayecto _____ (6. ser) un poco largo, pero siempre _____ (7. estar, nosotros) muy contentos. _____ (8. comer, nosotros) en la playa. Mis padres _____ (9. comprar) sardinas asadas, pero a mí no me _____ (10. gustar). Entonces mi madre me _____ (11. preparar) un bocadillo de chorizo y _____ (12. comprar, nosotros) media sandía. _____ (13. construir, nosotros) castillos de arena. Ellos _____ (14. nadar) en el mar, pero como yo no _____ (15. saber) nadar, solo me _____ (16. mojar) los pies.

3. Pon las frases siguientes en pretérito imperfecto.

- a No veo mucho a mi amigo Juan. _____
- b Comen muy despacio. _____
- c Somos muchos en clase. _____
- d Lola y Juan van a diario al colegio. _____
- e Ana sube las escaleras corriendo. _____
- f Veo muchos programas en TV. _____

4. Escucha y marca la opción correcta.

Pista 43

- a Ana bebía en la plaza. ☐
  Ana vivía en la plaza. ☐
- b Comías mucho. ☐
  Comíais mucho. ☐
- c A Ana le gustaba mucho la playa. ☐
  A Ana no le gustaba mucho la playa. ☐
- d Iban mucho a la piscina. ☐
  No iban mucho a la piscina. ☐
- e Vivían en la ciudad. ☐
  Venían de la ciudad. ☐
- f Vivía con sus padres. ☐
  Vivían con sus padres. ☐

44 Verbos terminados en –AR –ER –IR: pretérito perfecto

▲ Disculpe señor, ¿**Ha salido ya** el autobús para Valencia?
● No, **aún no ha salido**. **Ha tenido** retraso en la parada anterior. ¿Ya tienen ustedes los billetes?
▲ Sí, gracias. Los **hemos comprado** esta mañana por internet. Oye, Luis, ¿**has comido ya**?
■ No, **todavía no he comido**, pero me **he comprado** un bocadillo de queso y una bolsa de patatas fritas para el viaje. ¿No **has traído** nada?
▲ ¡No, no **he comido** y no **he traído** nada de comer ni de beber!

El pretérito perfecto: participios regulares

	auxiliar HABER	verbos en –AR	verbos en –ER	verbos en –IR
(yo)	he			
(tú)	has	cantado	aprendido	vivido
(él, ella, usted)	ha	estudiado	comido	subido
(nosotros, nosotras)	hemos	comprado	bebido	pedido
(vosotros, vosotras)	habéis			
(ellos, ellas, ustedes)	han			

Uso del pretérito perfecto

El pretérito perfecto se usa

- Para una acción pasada que ha tenido lugar en un periodo en el que todavía estamos. Suele aparecer con estas expresiones de tiempo:

hoy	**Hoy** no **ha llovido**.
esta semana	**Esta semana** no **he comido** con María.
este mes	**Este mes** no **he comprado** ningún CD.
este año	**Este año hemos aprendido** las bases del español.
este siglo	**Este siglo** las temperaturas **han subido** mucho.

- Para una acción pasada que tiene una consecuencia directa sobre el presente.

    Se usa con **ya** y **todavía/aún no, nunca** y **jamás**

¿**Ya ha salido** el autobús para Valencia?	¿**Has ido alguna vez** a Italia?
–Sí, **ya ha salido**.	–Sí, **ya he ido** a Italia.
–No, **todavía no ha salido**.	–No, **nunca he ido** a Italia.

 Todavía no ha salido. = No ha salido todavía. = Aún no ha salido. = No ha salido aún.

¿Has comido ya? 44

Ejercicios

1. Lee el diálogo y contesta las preguntas.

a ¿Adónde van Ana y Luis? _____
b ¿Han comprado ya los billetes? _____
c ¿Dónde los han comprado? _____
d ¿Ha comido ya Luis? _____
e ¿Y Ana? _____
f ¿Qué ha comprado Luis? _____
g ¿Ha traído Ana algo de comer? _____

2. Escribe las frases con los verbos en pretérito perfecto.

a Juan come una naranja. _____
b Julia canta muy bien. _____
c Corro el maratón. _____
d Enseñamos las fotos de Valencia. _____
e Subís al segundo piso. _____

3. Contesta las preguntas con *ya* o *todavía*.

a ¿Has comido ya? Sí, _____
b ¿Ya habéis desayunado? No, _____
c ¿Ya conoces a mi amigo José? Sí, _____
d ¿Han cenado ya (ustedes)? No, _____
e ¿Usted ya ha pedido su bebida? Sí, _____

4. Contesta en el pasado con *nunca*.

a ¿Vas a menudo a la montaña? No, _____
b ¿Coméis siempre en este restaurante? No, _____
c ¿Escuchas mucho este CD? No, _____

5. Contesta negativamente de cuatro maneras diferentes con *todavía* y *aún*.

¿Has leído ya este libro?

1 _____   3 _____
2 _____   4 _____

6. Escucha y contesta con sí o no.
Pista 44

a ¿Ha leído Carmen ya este poema? ___   c ¿Han cantado bien? ___
b ¿Ya ha ido César a Salamanca? ___   d ¿Han llamado ya a Luis? ___

45 El participio de los pretéritos perfectos irregulares

▲ Hola José. ¿Ya estás en casa? Aún es muy temprano. ¿Con quién **has vuelto**?
● Hola mamá. **He vuelto** con la madre de Lucas porque ha venido en coche.
▲ ¿**Has devuelto** los libros en la biblioteca?
● Sí, claro. He ido esta tarde.
▲ ¿Qué **habéis hecho** en clase hoy?
● En clase de matemáticas, **hemos resuelto** unos problemas muy difíciles. Creo que he entendido todo. En cambio, hablando de problemas…
▲ ¿Qué ha pasado?
● Pues **he abierto** la ventana porque hacía calor… Pero había mucho viento y se **ha roto** el cristal. El profesor te **ha escrito** esta carta…

El pretérito perfecto: participios irregulares

 Todos los verbos terminados en **–AR** son **regulares**

Verbos en –ER

(yo)	devuelto	el libro.	devolver
(tú)	envuelto	el regalo.	envolver
(él, ella, usted)	hecho	tus deberes.	hacer
	puesto	la mesa.	poner
(nosotros, nosotras)	resuelto	el problema.	resolver
(vosotros, vosotras)	roto	el vaso.	romper
(ellos, ellas, ustedes)	visto	a Julia.	ver
	vuelto	a casa.	volver

Verbos en –IR

(yo)	abierto	la puerta.	abrir
(tú)	cubierto	al bebé.	cubrir
(él, ella, usted)	dicho	la verdad.	decir
	descubierto	el tesoro.	descubrir
(nosotros, nosotras)	descrito	el cuadro.	describir
(vosotros, vosotras)	escrito	un poema.	escribir
(ellos, ellas, ustedes)	muerto	de hambre.	morir

¿Qué has hecho hoy?   45

Ejercicios

1. Lee el diálogo y contesta las preguntas.

a ¿Por qué ha vuelto José temprano a casa? _____
b ¿Por qué ha vuelto con la madre de Lucas? _____
c ¿Adónde ha ido antes de volver a casa? _____
d ¿Qué ha hecho en la biblioteca? _____
e ¿Y en clase de matemáticas? _____
f ¿Por qué ha abierto la ventana? _____
g ¿Por qué se ha roto el cristal? _____
h ¿Qué ha hecho el profesor? _____

2. Relaciona.

a Este es el libro que…   1 porque no ha venido.
b Pedro ha puesto…   2 nada en clase.
c No he visto a Julia…   3 he devuelto a la biblioteca.
d Juan no ha dicho…   4 descubierto a los ladrones.
e Aún no he escrito…   5 el correo electrónico.
f La policía ha…   6 los platos en la mesa.

3. Conjuga los verbos.

a Aún no _____ (resolver, yo) el problema de matemáticas.
b Hoy _____ (volver, nosotros) a casa muy temprano.
c Ustedes no _____ (decir) toda la verdad.
d El señor López _____ (describir) al ladrón a la policía.
e No sé por qué _____ (morir) estos pájaros.

4. ¿Quién soy? Pon las letras en orden y di cuál es el infinitivo.

                              infinitivo

a L T O V U E   _____   _____
b C R I D E S T O   _____   _____
c C H O H E   _____   _____
d C H O D I   _____   _____

5. Contesta las preguntas.
Pista 45

a ¿Ha cerrado o abierto Ana la puerta? _____
b ¿Qué ha hecho Luis después de la merienda? _____
c ¿Han envuelto o devuelto el libro? _____
d ¿Ha escrito la postal o la ha descrito? _____

TEST 9

1. **Formula frases y relaciona con la imagen correspondiente.**

   a ¡bonitas – son – flores – estas – qué!

   _____ •   • 1

   b ¡chico – tan – guapo – qué!

   _____ •   • 2

   c ¡los – contentos – qué – están – niños!

   _____ •   • 3

   d ¡caramelos – comprado – cuántos – has!

   _____ •   • 4

   e ¡come – cuánto – chico – este!

   _____ •   • 5

   f ¡tan – chica – simpática – qué!

   _____ •   • 6

2. **La obligación: conjuga los verbos (añade *que* cuando es necesario) y clasifica las frases por orden de intensidad.**

   a _____ (haber) tener paciencia.   1 obligación fuerte +++
   b Ana _____ (tener) ser puntual en clase. 2 obligación moral ++
   c _____ (deber, tú) hacer más deporte.   3 forma impersonal

3. **¿Qué hacía Juan cuando era niño?**

   ir – comer – jugar – construir – acostarse – andar – beber – leer

   _____   _____   _____   _____
   al baloncesto   en bici   espaguetis   leche

   _____   _____   _____   _____
   a la escuela   muchos cuentos   castillos de arena   muy temprano

TEST 9

4. ¿Pretérito perfecto o imperfecto?

–Hola Julia, ¿dónde estabas? No te _____ (1. ver, yo) en toda la semana.

–_____ (2. estar, yo) en Madrid con mis padres. _____ (3. visitar, nosotros) el museo del Prado. Es muy interesante, pero ya me conoces: ¡prefiero ir de compras! También _____ (4. ir, nosotros) a pasear por el parque del Retiro. Allí, todo _____ (5. ser) muy bonito y muy tranquilo. _____ (6. conocer, yo) a unos chicos muy simpáticos. _____ (7. volver, ellos) con nosotros en tren.

5. Encuentra los participios de los verbos siguientes.

abrir – beber – cantar – correr – decir – descubrir – envolver – escribir – estudiar – hacer – morir – pedir – poner – resolver – romper – subir – traducir – ver – vestir – vivir – volver

```
G O V I S T O R I N E M D A D I H   E A
V P E D I D O A O A B I E R T O E   S V
U Y                         R C     T E
E A   A O T L C O R R I D O   I D   U S
L S   P I H D I C H O H B A   G B   D T
T T   K O                 U P S E   I I
O J   R D   H E C H O     A U   A B A D
F R   E A   X S A U S     E E   N I D O
D O   S V   Z C   Q A     W S   D D O E
S V   U I   Z R   M C     T T   O O I E
U I   E V   F I       Q O Y E   B N
B V   L E   S T O B R O T O M B U V
I I   T D   W O A J X X S T   U I A U
D D   O O                 P S   D E
O O   J C E O O M G C A N T A D O   O L
D J   P B F M U E R T O B E T O G   Y T
O Q                               T O
G X D E S C U B I E R T O T S I V H A P
A S E N O B I O H Q T R A D U C I D O S
```

111 ciento once

46 Los comparativos y los superlativos

▲ Mira, esta es una foto de la competición de atletismo del año pasado.
● ¿Quién era **el más** rápido, Ana o tú?
▲ Yo era **el más** rápido, pero Ana ha entrenado mucho y ahora es **la más** rápida **de** los dos. Ahora es **igual de** rápida **que** José.
● Desde luego yo no soy **tan** deportista **como** ellos. De hecho, para el deporte, Juan y yo somos **los peores de** todos.

Comparativos y superlativos

> **Los comparativos regulares**

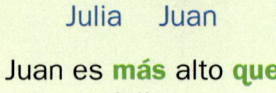

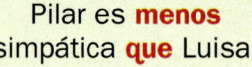

Ana   Luisa   María

+ Juan es **más** alto **que** Julia.

− Pilar es **menos** simpática **que** Luisa.

= Luisa es **igual de** alta **que** Ana y María.
Luisa es **tan** alta **como** Ana y María.

 **Tanto(s)/tanta(s)** + **sustantivo** + **como**
Hace tanto calor como ayer.
Tenemos tantos libros como ellos.
No hay tanta gente como ayer.
Juan tiene tantas ideas como Anabel.

> **Los superlativos**

Juan es **el más** alto **de** todos.
Juan y Pedro son **los más** inteligentes **de** la clase.
Pilar es **la menos** simpática **de** la clase.
Pilar y Ana son **las menos** trabajadoras **de** todos.

> **Los comparativos y superlativos irregulares**

adjetivo	comparativo	superlativo
bueno/a	mejor	el mejor, la mejor, los/las mejores
malo/a	peor	el peor, la peor, los/las peores
pequeño/a	menor	el menor, la menor, los/las menores
grande	mayor	el mayor, la mayor, los/las mayores

¿Quién era el mejor? 46

Ejercicios

1. Lee el diálogo de la página anterior y contesta las preguntas.

a El año pasado, ¿quién corría más rápido, Ana o Luis? _____
b Ahora, ¿quién es el más rápido de los dos? _____
c ¿Es Ana más rápida que José? _____
d ¿Es Felipe tan deportista como ellos? _____
e ¿Y Juan? _____

2. Escribe frases como las del ejemplo.

Juan es alto (+ / Julio / los dos) ➤ Juan es más alto que Julio. ➤ Juan es el más alto de los dos.

a Pedro es simpático.
 (+ / Ana / clase)
 ➤ _____
 ➤ _____

b Estas botas no son cómodas.
 (– / aquellas / todas)
 ➤ _____
 ➤ _____

c Luis y Lola son inteligentes.
 (+ / sus amigos / todos)
 ➤ _____
 ➤ _____

d Marta no es muy morena.
 (– / sus hermanas / todas)
 ➤ _____
 ➤ _____

3. Forma frases con *igual de... que* y *tan... como*.

a Ana / trabajadora / Luisa
 1 _____
 2 _____

b este edificio / alto / el colegio
 1 _____
 2 _____

4. Relaciona los adjetivos con sus superlativos.

a Son buenos.   •   • 1 Son los mayores.
b Son grandes. •   • 2 Son los menores.
c Son malos.   •   • 3 Son los mejores.
d Son pequeños. •   • 4 Son los peores.

5. ¿Verdadero o falso? Escucha y marca.

a Estas galletas son las mejores.
b Tengo tantos problemas como ellos.
c De todos sus hermanos, Juan es el menor.
d Ana es igual de trabajadora que Antonio.

47 Verbos terminados en –AR –ER –IR: pretérito indefinido

▲ ¿Adónde vas, Antonio?
● Voy a casa de Juan para jugar con su perro. Me encanta. Ayer **jugué** al frisbee con él. Es muy rápido y muy hábil. La semana pasada, lo **llevamos** al río. El perro **saltó** al agua y **nadó** hasta la otra orilla. **Pensé** que no iba a volver, pero en cuanto Juan **silbó**, **volvió** nadando. Es muy joven y muy juguetón. **Nació** el año pasado, apenas tiene un año.

El pretérito indefinido 1

> **Verbos regulares**

	verbos en –AR	verbos en –ER	verbos en –IR
(yo)	cant**é**	com**í**	viv**í**
(tú)	cant**aste**	com**iste**	viv**iste**
(él, ella, usted)	cant**ó**	com**ió**	viv**ió**
(nosotros, nosotras)	cant**amos**	com**imos**	viv**imos**
(vosotros, vosotras)	cant**asteis**	com**isteis**	viv**isteis**
(ellos, ellas, ustedes)	cant**aron**	com**ieron**	viv**ieron**

> **Uso del pretérito indefinido**

El pretérito indefinido se usa para:

● Una acción pasada que tuvo lugar en un periodo en el que ya **no** estamos. Se suele usar con las siguientes expresiones de tiempo:

ayer	**Ayer** no llovió.
la semana pasada	**La semana pasada** comí con María.
el mes pasado	**El mes pasado** compré varios CD.
el año pasado	**El año** pasado aprendimos muchas cosas.
el siglo pasado	**El siglo pasado** las temperaturas no subieron mucho.

● Una acción única en el pasado.

> Mi hermano nació en 2010.
> El abuelo de Ana murió en 2008.

Y el perro saltó al agua... 47

Ejercicios

1. Escribe la frase con los verbos en pretérito indefinido.

- a Estudio en Madrid. _____
- b No comprendes la pregunta. _____
- c Venden su casa. _____
- d Vivís en Argentina. _____
- e Duermo muy poco. _____
- f Llueve mucho. _____
- g Felipe se levanta tarde. _____
- h Escuchamos la radio. _____
- i Cenáis en casa de Martín. _____
- j Nieva en la montaña. _____

2. Contesta las preguntas.

- a ¿Con quién comiste ayer? _____ con Ana.
- b ¿Quién os visitó el domingo pasado? Mi primo Óscar _____
- c ¿Invitaron a Juan? No, no lo _____
- d ¿Almorzasteis con ellos? Sí, _____
- e ¿Dónde cantaron los niños ayer? _____ en el salón de fiestas.

3. Completa con el mismo verbo en pretérito indefinido.

- a Hoy mi padre no *trabaja*, pero ayer _____ hasta muy tarde.
- b Esta semana no he salido con mis amigos, pero la semana pasada _____ con ellos todos los días.
- c Ahora Miguel vive en España, pero _____ muchos años en Guatemala.
- d Hoy no he leído, pero ayer _____ toda la tarde.
- e Este año *habéis visitado* la catedral de Barcelona, pero el año pasado _____ la catedral de Burgos.

5. Dictado.

Pista 47

- a La abuela de Juan _____ en 1921 y _____ en 2016.
- b ¿_____ las entradas ayer? No, pero las _____
- c _____, Antonio y Felipe _____ a Brasil.
- d No _____ la película que _____ ayer.
- e _____ la puerta y _____ las ventanas.

48 Verbos irregulares: pretérito indefinido (1)

▲ ¿Adónde **fuiste** de vacaciones?
● **Fui** a Granada con mis padres. Los primeros días **anduvimos** mucho por la ciudad. Visité la Alhambra. ¡**Fue** maravilloso!
▲ ¿**Pudiste** sacar fotos?
● Sí, **tuve** mucha suerte: mi madre me **dio** su cámara y me **dijo** cómo utilizarla. Luego **estuvimos** en Córdoba unos días. ¡**Fueron** unos días fantásticos, me lo pasé fenomenal.

El pretérito indefinido 2

	dar	ir / ser
(yo)	di	fui
(tú)	diste	fuiste
(él, ella, usted)	dio	fue
(nosotros, nosotras)	dimos	fuimos
(vosotros, vosotras)	disteis	fuisteis
(ellos, ellas, ustedes)	dieron	fueron

> Verbos irregulares en **–u**

	andar	estar	poder	poner	saber	tener
(yo)	anduve	estuve	pude	puse	supe	tuve
(tú)	anduviste	estuviste	pudiste	pusiste	supiste	tuviste
(él, ella, usted)	anduvo	estuvo	pudo	puso	supo	tuvo
(nosotros, nosotras)	anduvimos	estuvimos	pudimos	pusimos	supimos	tuvimos
(vosotros, vosotras)	anduvisteis	estuvisteis	pudisteis	pusisteis	supisteis	tuvisteis
(ellos, ellas, ustedes)	anduvieron	estuvierón	pudieron	pusieron	supieron	tuvieron

 verbo **haber**
Hay mucha gente en el concierto. ▶ **Hubo** mucha gente en el concierto.

> Verbos irregulares en **– j**

	conducir	decir	traer	traducir
(yo)	conduje	dije	traje	traduje
(tú)	condujiste	dijiste	trajiste	tradujiste
(él, ella, usted)	condujo	dijo	trajo	tradujo
(nosotros, nosotras)	condujimos	dijimos	trajimos	tradujimos
(vosotros, vosotras)	condujisteis	dijisteis	trajisteis	tradujisteis
(ellos, ellas, ustedes)	condujeron	dijeron	trajeron	tradujeron

¿Adónde fuiste? 48

Ejercicios

1. Lee el diálogo de la página anterior y contesta las preguntas.

- a ¿Adónde fue Ana de vacaciones? _____
- b ¿Anduvo mucho por la ciudad? _____
- c ¿Pudo Ana sacar fotos? _____
- d ¿Tuvo Ana suerte? _____
- e ¿Dónde estuvieron después? _____

2. Escribe las frases con los verbos en pretérito indefinido.

- a Miguel me da las gracias. _____
- b Vamos al campo. _____
- c Estamos contentos. _____
- d No sé qué decir. _____
- e Sabemos la respuesta. _____

3. Conjuga el verbo y forma una frase.

- a traer (yo) ➤ _____ ➤ libro – a – mi – ayer – clase
  _____

- b poder (nosotros) ➤ _____ ➤ ir – a – pasada – la – fiesta – semana – la
  _____

- c tener (ellos) ➤ _____ ➤ mes – suerte – mucha – pasado – el
  _____

- d traducir (tú) ➤ _____ ➤ para – la – las – español – clase – de – frases
  _____

- e estar (ellos) ➤ _____ ➤ Sevilla – pasado – en – mes – el
  _____

5. Escucha y contesta las preguntas. *(Pista 48)*

- a ¿Fue Ana a Bolivia el año pasado? _____
- b ¿Cómo estuvo la fiesta de Luis? _____
- c ¿Supo Lola contestar la pregunta? _____
- d ¿Quién condujo el coche? _____
- e ¿Por qué no pudieron salir a pasear? _____

117 ciento diecisiete

49 Verbos irregulares: pretérito indefinido (2)

▲ Hola Lola, ¿qué tal? ¿Por qué no **viniste** a mi fiesta? **Vino** mucha gente.
● Quería ir, pero no pude. Ayer fuimos en bici Juan, Felipe y yo hasta la cumbre de la colina de los pinos. Hacía muchísimo calor. ¡**Creí** que me iba a morir de sed! Luego, al bajar, Juan se salió del camino y **se cayó**.
▲ ¿Se **hizo** daño?
● No, pero su bici se rompió. **Quisimos** llamar a mi padre, pero no **oyó** el teléfono y tuvimos que volver a pie. ¡Llegamos agotados!

El pretérito indefinido 3

	creer	caerse
(yo)	creí	me caí
(tú)	creíste	te caíste
(él, ella, usted)	creyó	se cayó
(nosotros, nosotras)	creímos	nos caímos
(vosotros, vosotras)	creísteis	os caísteis
(ellos, ellas, ustedes)	creyeron	se cayeron

 Se conjugan igual los verbos siguientes:

construir
destruir
leer
oír

> Verbos en –i

	venir	hacer	querer
(yo)	vine	hice	quise
(tú)	viniste	hiciste	quisiste
(él, ella, usted)	vino	hizo	quiso
(nosotros, nosotras)	vinimos	hicimos	quisimos
(vosotros, vosotras)	vinisteis	hicisteis	quisisteis
(ellos, ellas, ustedes)	vinieron	hicieron	quisieron

¡Ay, que me caí! 49

Ejercicios

1. Escribe las frases en pasado con los verbos en pretérito indefinido.

a Me caigo por las escaleras. _____
b ¿Viene Lola con vosotros? _____
c Quieren beber zumo de naranja. _____
d Lee la guía turística de Cuba. _____
e Hago muchos esfuerzos. _____

2. Ordena las sílabas para formar verbos y escribe el infinitivo del verbo en el cuadro de la derecha.

MOS MI CO
COMIMOS   INFINITIVO: COMER

	verbo conjugado	infinitivo + persona
a NO VI	_____	_____
b YE CRE RON	_____	_____
c NI MOS VI	_____	_____
d ZO HI	_____	_____
e QUI TEIS SIS	_____	_____

3. Relaciona.

a te •
b ella se •   • 1 cayó
c nos •   • 2 caíste
d usted se •   • 3 cayeron
e os •   • 4 caí
f ellos se •   • 5 caísteis
g ustedes se •   • 6 caímos
h yo me •

5. Dictado.

Pista 49

a El _____, _____ mucho calor.
b Los obreros _____ muchos edificios viejos.
c _____ el Ayuntamiento _____ nuevas casa.
d _____, el perro de Luis me _____ encima y _____ al suelo.
e Cuando _____ a la capital, _____ las campanas de la catedral.
f _____ a Madrid dos veces _____.
g No _____ visitar ese museo porque _____ en la guía que no era muy interesante.

50 Verbos irregulares: pretérito indefinido (3)

▲ ¿Sabes? La semana pasada fui a Alemania con Pablo. Fue horrible. Primero, Pablo **durmió** durante todo el trayecto, pero yo no: ¡ronca mucho!
Al llegar, quisimos tomar algo. Yo **pedí** un zumo de piña y Pablo **eligió** otra cosa. Como no me entendían, lo **repetí** tres veces, pero nada. Entonces, Pablo **corrigió** mi pronunciación y ¿sabes qué? ¡Al final el camarero nos **sirvió** un refresco y un plato de patatas fritas!

El pretérito indefinido 4

> e > i

	Corregir PRESENTE: corrijo,...	Pedir PRESENTE: pido,...	Elegir PRESENTE: elegí,...	Medir PRESENTE: mido,...
(yo) (tú) (él, ella, usted)	corregí corregiste corrigió	pedí pediste pidió	elegí elegiste eligió	medí mediste midió
(nosotros, nosotras) (vosotros, vosotras) (ellos, ellas, ustedes)	corregimos corregisteis corrigieron	pedimos pedisteis pidieron	elegimos elegísteis eligieron	medimos medisteis midieron

	Repetir PRESENTE: repito,...	Servir PRESENTE: sirvo,...	Seguir PRESENTE: seguí,...	Vestir PRESENTE: me visto,...
(yo) (tú) (él, ella, usted)	repetí repetiste repitió	serví serviste sirvió	seguí seguiste siguió	me vestí te vestiste se vistió
(nosotros, nosotras) (vosotros, vosotras) (ellos, ellas, ustedes)	repetimos repetísteis repitiéron	servimos servisteis sirvieron	seguimos seguisteis siguieron	nos vestimos os vestisteis se vistieron

> o > u

	dormir PRESENTE: duermo	morir PRESENTE: muero
(yo) (tú) (él, ella, usted)	dormí dormiste durmió	morí moriste murió
(nosotros, nosotras) (vosotros, vosotras) (ellos, ellas, ustedes)	dormimos dormisteis durmieron	morimos moristeis murieron

¡No se murió de hambre!

¡No me entendieron! 50

Ejercicios

1. Lee el texto de la página anterior y contesta las preguntas.

- a ¿Adónde fueron los dos amigos? _____
- b ¿Pudo dormir Juan durante el trayecto? _____
- c ¿Qué bebida eligió Juan? _____
- d ¿Por qué repitió tres veces? _____
- e ¿Qué corrigió Pablo? _____
- f ¿Qué les sirvió el camarero? _____

2. Forma frases en presente y pretérito indefinido como en el ejemplo.

presente. ➤ *Pido un zumo.* ➤ pret. indef. ➤ *Pedí un zumo.*

- a presente   Yo _____ (corregir) los errores.
  pret. indef. _____

- b presente   Pablo _____ (pedir) un zumo de albaricoque.
  pret. indef. _____

- c presente   Ellos _____ (vestirse) muy elegantes.
  pret. indef. _____

- d presente   Usted no _____ (dormir) bien.
  pret. indef. _____

- e presente   Ustedes _____ (servir) la comida a los invitados.
  pret. indef. _____

3. Conjuga el verbo en pretérito indefinido y forma una frase con las palabras de la derecha.

- a (corregir, yo) ➤ _____ ➤ en – el – errores – cuaderno – mis – español – de
  _____

- b (dormir, ellos) ➤ _____ ➤ no – siesta – la – tarde – esta
  _____

- c (seguir, el perro) ➤ _____ ➤ coche – semáforo – el – hasta – el
  _____

4. Escucha y contesta las preguntas.

Pista 50

- a ¿Qué hizo el arquitecto? _____
- b ¿Qué hicieron los alumnos? _____
- c ¿Qué hicieron Ana y Lola anoche? _____

TEST 10

1. Forma palabras con las sílabas de la izquierda y completa las frases como en el ejemplo.

TO BO NI   ▸ Este **pájaro** es **bonito**, pero aquel es **más bonito**. Es **el más bonito** de todos.

a TO AL   ▸ Ese _____ es _____, pero aquel es _____. Es _____ de todos.

b DAS DEL GA   ▸ Estas _____ son _____, pero esas son _____. Son _____ de todas.

c COS RI   ▸ Estos _____ son _____, pero esas son _____. Son _____ de todos.

2. Di lo contrario.

a Es bueno. Es el mejor de todos.   _____

b Es grande. Es la mayor de todos.   _____

3. Escribe una frase con el mismo significado.

Guadalupe es igual de delgada que Ana.

▸ _____

4. Completa con el verbo correspondiente en la persona y el tiempo adecuado del pasado.

vivir – caerse – hacer – ir – venir

a Hoy _____ (yo) al colegio en autobús.
b Ayer Juan y Luis _____ de la bici.
c La semana pasada mis primos _____ de México.
d ¿Qué _____ (tú) esta semana?
e El año pasado _____ (nosotros) en Barcelona.

TEST 10

5. **¿Pretérito imperfecto o indefinido? Completa con las formas correctas de los verbos entre paréntesis.**

Cristóbal Colón _____ (nacer) en 1451 y _____ (morir) en 1506. _____ (navegar) hacia el oeste porque _____ (buscar) un camino para ir a las Indias, pero _____ (llegar) a América. En aquella época, los Reyes Católicos _____ (reinar) en España.

6. **Conjuga los verbos en el pretérito indefinido.**

→ **Horizontal**
1. decir (tú)
2. creer (yo)
3. poner (yo)
4. construir (ellos)
5. estar (ellas)
6. comer (ustedes)
7. dar (nosotros)
8. saber (yo)
9. destruir (yo)
10. jugar (vosotros)
11. hacer (ella)
12. nadar (tú)
13. saber (tú)

↓ **Vertical**
a. dar (nosotros)
b. destruir (vosotros)
c. tener (él)
d. caer (yo)
e. saber (ella)
f. traducir (nosotros)
g. ir (ellos)
h. ganar (él)
i. creer (usted)
j. traer (nosotros)
k. venir (vosotros)
l. querer (él)
m. poner (ella)

Transcripciones

Pista 1
a ¿Cómo te llamas?
b Son estudiantes.
c ¿Quién eres?
d ¿Quiénes sois?

Pista 2
a Soy española.
b Eres estudiante.
c Somos Ángela y José.
d ¿Qué son?

Pista 3
a ¿Qué idiomas hablas?
b ¿De dónde sois?
c Son ustedes de Inglaterra?
d ¿Eres española?
e ¿Habla usted alemán?

Pista 4
a Ana y Pepe son argentinos pero viven en España.
b ¿Cuántos años tienes? –Tengo trece años.
c Tenemos doce, catorce y dieciséis años.
d En clase somos dieciséis chicos y dieciocho chicas.
e ¿Cuántos hermanos tienes? –Tengo dos hermanos.

Pista 5
Ana tiene un gato y un perro. El gato es negro pero tiene la cola blanca. Tiene unas orejas muy grandes y unos ojos verdes muy bonitos. El perro tiene el pelo largo. Es un perro muy grande.

Pista 6
a Son las 12:30.
b Son las 4:15.
c De 9 a 10.
d Es la una y 20.
e A las 3:35.
f Es la una menos cuarto.

Pista 7
a Ana es alta y rubia.
b El coche es grande y caro.
c Es inteligente y divertido.

Pista 8
a Mi gato es blanco, y tu perro es negro
b ¿Cómo es vuestro amigo?
c Nuestro amigo es simpático, pero su hermano no.
d Mis amigas son de China.
e Sus pantalones son azules y su camisa es blanca.

Pista 9
a ¿Está Carlos enfermo?
b ¿Dónde están Jorge y José?
c ¿Es roja la falda de Marisol?
d ¿Son ustedes de Madrid?
e ¿Cómo estáis?

Pista 10
a Estoy aquí.
b No está allí.
c Están ahí.

Pista 11
a Esa flor.
b aquellas casas.
c aquel chico.
d este animal.
e estos coches.
f estas chicas.

Pista 12
B, e, i, k.

Pista 13
a Lola tiene muchos cómics, pero menos que Felipe.
b Juan tiene pocos DVD, pero más que yo.
c Tengo poco tiempo libre, pero más que antes.

Pista 14
a En verano hace frío.
b Hoy llueve mucho.
c En invierno hace calor.
d El tiempo es muy bueno.

Pista 15
a Hay dos gatos en el jardín.
b Allí está el olivo.
c Aquí hay dos pájaros.
d Los perros están en la calle.

Pista 16
a Ana enseña las fotos de su viaje a América Latina.
b ¿A quién ayuda Susana? –Ayuda a su madre.
c Cruzo la calle para llegar al colegio.
d Compramos una tableta de chocolate para preparar un pastel.
e Esperáis a vuestros amigos para tomar el tren.

Pista 17
a Empieza a hacer frío.
b Lola y Juan piensan que es bueno hacer deporte.

Transcripciones

c La clase empieza a las dos.
d Felipe cierra la puerta y se sienta en su cama.
e Nos despertamos todos los días a las siete y cuarto.
f El ejemplo que dan es muy útil.

Pista 18
a Me acuesto a las 10.
b No encuentras la llave.
c ¿Cuánto cuestan?
d Me acuerdo de la película.
e Sueñan con visitar Egipto.
f Almuerzo a la una y cuarto.

Pista 19
- A Elisa no le gustan las fresas, le gustan las frambuesas.
- A ellos les encantan las manzanas y los mangos.
- Al hermano de Luis no le interesa el fútbol pero sí el campeonato de tenis.
- A nosotros nos interesa la fauna tropical pero nos fascina la fauna marítima.
- A Ana y a Claudia les encanta el canto de los pájaros pero les molesta el ruido de los aviones.
- A vosotros no os gusta nadar en la piscina pero sí en el mar.

Pista 20
a Mi hermana y yo jamás nadamos en el mar.
b Nunca estudia durante el fin de semana.
c Juan y Lola no llaman nunca a sus amigos.

Pista 21
a María no comprende por qué me gusta leer.
b Comes y bebes mucho.
c No veis ni a Ana ni a Luis porque se esconden.
d Escojo una película y la veo con mis amigos.

Pista 22
a entiendo.
b empiezo.
c comprendo.
d pienso.
e vendo.
f comienzo.
g defiendo.
h pierdo.

Pista 23
a ¿Puedes jugar al tenis?
b ¿Devolvéis los libros mañana?
c ¿Huele bien?
d ¿Puede usted envolver el regalo?
e ¿Resuelven ellos los problemas?
f ¿Envuelve José el libro?

Pista 24
a Pones los vasos en la mesa.
b Hago la comida.
c Sabemos pocas cosas.
d Hacen muchos dibujos.

Pista 25
- A mí no me duele la cabeza, me duele el brazo.
- A Antonio le duelen los ojos y la cabeza.
- Estoy en la piscina con Luis, no con Pedro.
- Les duelen mucho el estómago pero no la cabeza.
- Esta carta de Pedro.

Pista 26
a Ana no abre la puerta pero sí la ventana.
b Luis recibe un correo electrónico de sus amigos.
c El padre de Ricardo parte la tarta de chocolate.
d Suben al segundo piso.
e Los padres cubren al bebé por la noche.

Pista 27
a Esta película es muy divertida: nos reímos mucho.
b Los habitantes eligen al presidente de la República.
c Mercedes y Marta siempre se visten de la misma manera.
d Me sirvo más café y pido la cuenta.
e Seguís el coche de vuestros amigos.
f La profesora repite la frase y corrijo el ejercicio.
g Siempre me río mucho con Felipe.
h Pedro mide un metro ochenta.

Pista 28
- Juan duerme muy poco por la noche.
- Yo prefiero el chocolate, pero Ana prefiere el té.
- Pedro y José se divierten mucho cuando están en el cine.
- Luisa juega tenis pero prefiere el baloncesto.

Pista 29
Ana: No quiero ir a la fiesta porque no me gusta bailar.
Luis: Todos los días salgo de casa a las 8 y vuelvo a las 7.
Ana: Elisa y yo venimos de Madrid pero María viene de Barcelona.
Marta: ¿Qué es ese ruido? Ah, es mi hermano Juan. Pone la música muy fuerte.
María: Anabel y yo vamos al concierto pero Natalia va al cine con Felipe.
Ana: Hola Luis, ¿adónde vas?
Luis: Voy al concierto con mis amigos. ¿Quieres venir con nosotros?
Ana: Lo siento, no puedo.

Pista 30
a Reconozco a ese chico.
b Nacen en primavera.
c Conduzco muy bien.
d ¿Conduce Ana?

Transcripciones

Pista 31
- El padre de Juan es muy prudente cuando conduce.
- Ana y Luisa corren todos los sábados. Ana corre muy deprisa, pero Luisa no.
- Últimamente, Pedro no come mucho, apenas come.
- Yo no soy muy serio cuando estudio, pero mi hermano estudia muy seriamente cada lección.
- Felipe camina muy lentamente, pero José camina muy deprisa.

Pista 32
a Este libro es mío.
b Estoy con mi primo.
c Vamos al colegio.

Pista 33
- A Lola y a Luis no les gusta ir al teatro pero al cine sí.
- Nunca tienen suerte y Ana tampoco.
- Juan no tiene hermano pero tiene una hermana. Luisa también tiene una hermana y también dos hermanos.

Pista 34
- Juan se quita la bufanda y se pone el abrigo.
- Julia se pone un vestido rojo y unas sandalias.
- Ellos se ponen los guantes y el gorro pero se quitan la bufanda.
- Antes de salir de casa, Ana se pone las sandalias, el sombrero y las gafas de sol.

Pista 35
a Elisa compra muchas cosas pero no tiene dinero suficiente
b Juan come tanto chocolate que engorda
c Quedan suficientes zumos pero nada de chorizo
d No hay bebidas suficientes pero hay demasiado queso.

Pista 36
José: Esta tarde voy llamar a mi amigo Luis para ir al cine.
Anabel: Voy al mercado porque necesito un kilo de cerezas y unos plátanos.
¿Vienes a la fiesta? Vamos a invitar a unos diez amigos.
Felipe: No, gracias, Anabel, no me gustan las cerezas. Prefiero comer unas fresas.
Juan: Hola Lola, ¿vienes conmigo al supermercado?
Lola: –¡Vale!

Pista 37
a Ana está delante de la casa.
b El libro está debajo del armario.
c El árbol está a la derecha de la casa.
d El gato está detrás del sillón.

Pista 38
a ¿Está luisa leyendo la revista?
b ¿Están ellas bebiendo los refrescos?
c ¿Están ellos aprendiendo las palabras?
d ¿Está Luis preparando el almuerzo?

Pista 39
Ana: Hola Juan, ¿qué haces este fin de semana?
Juan: Nada, me quedo en casa.
¿Quieres venir a la fiesta esta noche? Van a ir muchos amigos míos.
Ana: ¿Qué estás bebiendo, Juan?
Juan: Nada, estoy comiendo un helado.
Allí están Juan y José. ¿Los ves? Están hablando con Felipe.

Pista 40
- Julia tiene dos gatos negros y un perro blanco.
- Está todo claro: no tenemos ninguna duda.
- Esta carta es para José y este paquete es para Julia.
- Dice Luis que no puede venir porque tiene un problema con su bici.

Pista 41
- ¡Cuánta verdura come Ana!
- ¡Qué bien trabaja Juan!
- ¡Qué casa tan grande! ¿Es la casa de Luis? No, de Juan.

Pista 42
a Ana dice que tiene que llamar a su madre por teléfono.
b Juan y Lola piensan que es necesario practicar mucho deporte.
c Yo pienso que deben ir a la policía.
d ¿Crees que hay que llamar a una ambulancia?
e Mi padre dice que tengo que comer menos dulces.

Pista 43
a Ana vivía en la plaza.
b Comíais mucho.
c A Ana no le gustaba mucho la playa.
d Iban mucho a la piscina.
e Vivían en la ciudad.
f Vivían con sus padres.

Pista 44
Carmen: Ya he leído esta novela, pero aún no he leído este poema.
César: A Valladolid nunca he ido, pero he ido dos veces a Salamanca este año.
¡Qué bien han cantado!, ¿verdad?
Tenemos que llamar a Luis. Ya he llamado a Antonio, pero a él no.

Pista 45
Cuando ha entrado en la sala, Ana ha abierto la puerta y ha cerrado la ventana.
Luis: Lo siento llego un poco tarde porque antes de la merienda he escrito un correo electrónico, y después he dormido la siesta.

Transcripciones

Esta mañana hemos envuelto el libro: es un regalo para María.
Me ha llamado Ana: me ha descrito la postal que ha recibido de su amigo Antonio.

Pista 46
Estas galletas son buenas pero aquellas son las mejores.
Tengo muchos problemas, pero no tantos como ellos.
Luisa tiene dos hermanos y una hermana. Carlos es el mayor y Juan es el menor.
Ana trabaja mucho: es tan trabajadora como Antonio.

Pista 47
a La abuela de Juan nació en 1921 y murió en 2016.
b ¿Reservasteis las entradas ayer?
    –No, pero las compramos.
c El mes pasado, Antonio y Felipe viajaron a Brasil.
d No me gustó la película que vimos ayer.
e Cerramos la puerta y abrimos las ventanas.

Pista 48
Ana: El año pasado no fui Bolivia, fui a Colombia.
Ayer fui a la fiesta de Luis. Estuvo muy divertida y había mucha gente.
Lola: Ayer el profesor me hizo una pregunta pero no supe contestar.
El fin de semana pasado, fuimos a Toledo. Primero condujo el padre de Felipe y después su madre.
Hoy hace mucho calor, pero ayer no pudimos salir a pasear porque llovió todo el día.

Pista 49
a El fin de semana pasado, hizo mucho calor.
b Los obreros destruyeron muchos edificios viejos.
c El año pasado el Ayuntamiento construyó nuevas casa.
d Ayer, el perro de Luis me saltó encima y me caí al suelo.
e Cuando llegaron a la capital, oyeron las campanas de la catedral.
f Viniste a Madrid dos veces el mes pasado.
g No quisimos visitar ese museo porque leímos en la guía que no era muy interesante.

Pista 50
a Ayer el arquitecto midió los planos de la casa.
b Durante la clase, los alumnos repitieron las frases en español.
c Anoche, Ana invitó a Lola. Hizo sopa de verdura con carne y Lola durmió en su casa.

Autora: Arielle Bitton

Dirección editorial: enClave-ELE

Edición: Carlos González Seara

Diseño y puesta en página: Diseño y Control Gráfico

Cubierta: Diseño y Control Gráfico

Fotografías: © Shutterstock.com; © enClave-ELE

Estudio de grabación: voces de cine.com

© enClave-ELE, 2016
Segunda edición, junio 2017

ISBN: 978-84-16108-34-3
Depósito legal: M-28297-2016

Impreso en España
Printed in Spain

Cualquier forma de reproducción, distribución, comunicación pública o transformación de esta obra solo puede ser realizada con la autorización de sus titulares, salvo excepción prevista por la ley. Diríjase a CEDRO (Centro Español de Derechos Reprográficos, www.cedro.org) si necesita fotocopiar o escanear algún fragmento de esta obra.